LICHTWELTVERLAG
WIEN

1. Auflage 2019

Lichtweltverlag JJK OG, Marktstrasse 69, A-2162 Falkenstein
E-Mail: office@lichtweltverlag.com
Telefon: +43 2554 880 95
Telefax: +43 1 253 30 33 1750

www.lichtweltverlag.at

Druck+Gesamtherstellung: Druckerei Janetschek GmbH, Heidenreichstein, Waldviertel, UW-Nr. 637. Gedruckt in Österreich nach der Richtlinie „Druckerzeugnisse" des Österreichischen Umweltzeichens, auf dem FSC-zertifizierten Papier Münken Print Cream, chlorfrei gebleicht, aus nachhaltig bewirtschafteten Wäldern und kontrollierten Quellen.

ISBN 978-3-9504748-0-0

JAHN J KASSL
LICHTSPUR IN DAS GOLDENE ZEITALTER

EDITION
MEISTER
DIALOGE

LICHTSPUR IN DAS GOLDENE ZEITALTER

GESPRÄCHE **JAHN J KASSL** MIT

BABAJI
JESUS CHRISTUS
SAI BABA
SANAT KUMARA
GOTT
MEISTER KONFUZIUS
MEISTER LAOTSE
MEISTER ST. GERMAIN
ERZENGEL METATRON
SANANDA
ATMAR

OKTOBER 2018 – APRIL 2019

INHALT

Diese Lichtspur weist darauf hin,
dass wir dem Goldenen Zeitalter näher sind
als viele von uns glauben.

JAHN J KASSL

VORWORT DES AUTORS

BABAJI: *Was auf der Erde jetzt stattfindet, ist ein epischer Kampf, zwischen niedrig schwingenden und höher schwingenden Energiefeldern. Es ist eine Auseinandersetzung, die in dieser Würde und Ausprägung nur alle Äonen stattfindet. Mitten darin befindet sich die ganze Menschheit – und bist DU.*

Mit diesen Worten beginnt das letzte Kapitel in diesem Buch. Damit wäre bereits alles gesagt, denn nur darum geht es in diesem 6. Band der Meisterdialoge. Wie können wir in dieser Zeit bestehen und was sind die Wegmarkierungen in das Goldene Zeitalter.

So, wie in den Bänden 1–5 das Zeitgeschehen und die spirituelle Entwicklung der Menschen erfasst wurden, so ist auch dieses Werk voller top-aktueller Gespräche zu den Ereignissen dieser Tage.

Die Themen sind:

- Macht und Eigenverantwortung
- Vom Teilzeit-Sucher zum Werkzeug Gottes
- Auf das Bauchgefühl hören oder doch nicht?
- Demut als Bombe für das Ego

- Todesängste, Freiheit und steht ein exponentielles Erwachen bevor?
- Die 5G-Problematik, das Bargeldverbot und der Technologie-Glaube der Menschheit werden genauso thematisiert wie der Schutz, den wir jetzt dringend benötigen.
- „Wohlfühlpädagogik oder ein Indianer kennt keinen Schmerz“ handelt von einer gefährlichen Pädagogik. Auswege werden hier aufgezeigt.
- Im Kapitel „Frühsommer und Spätherbst 2019“ erhalten wir einen Hinweis auf mögliche Veränderungen.
- Der Klima-Hysterie und den Hype um Greta Thunberg ist ein ausführliches Gespräch gewidmet.
- „Gibt es die Hölle“ und was läuft derzeit auf dieser Erde im Hintergrund wirklich ab, auch diese Fragen werde hier glasklar beantwortet.

Diese und weitere Aspekte werden in den 23 Gesprächen, die ich von Oktober 2018 – April 2019 mit GOTT, MAHAVATAR BABAJI, SANAT KUMARA, DEN AUFGESTIEGENEN MEISTERN, SAI BABA, SANANDA, MEISTER ST. GERMAIN, JESUS CHRISTUS, MEISTER KONFUZIUS, MEISTER LAOTSE, ATMAR und mit ERZENGEL METATRON führen durfte, behandelt. Sie halten uns auf Kurs und wir können verstehen, warum es ist, wie es ist. Denn es ist nicht immer erfreulich, ganz im Gegenteil!

Manchmal entsteht geradezu der Eindruck, die Dinge verschlimmern sich und es gibt kein Entrinnen. Als säßen wir in der Falle – denn das Establishment beginnt alles umzusetzen, was uns schadet. Um das festzustellen, braucht man wahrlich kein Prophet zu sein, sondern nur seine Augen zu öffnen.

Hier werden uns Auswege gezeigt und Türen geöffnet. Und dabei geht es immer um uns selbst. Wir selbst sind es, auf die es ankommt!

Insgesamt werden weltpolitische Hintergründe beleuchtet und wir erhalten einen spirituellen Blick darauf – was uns neue Zugänge eröffnet. Allein dies entschärft manches. Verstehen wir erst, warum sich Dinge ereignen, warum wir unsere Ängste ablegen können und dass wir wirklich keine Opfer sind, dann ist viel gewonnen.

Diese „Lichtspur in das Goldene Zeitalter" weist darauf hin, dass wir diesem näher sind als wir glauben. Denn wir bedürfen vor allem des Lichts, damit wir orientiert bleiben in einer Zeit, die für uns deutlich wahrnehmbar immer schneller vergeht.

Dazu sagt uns zu Beginn dieses Buches Babaji:
„Diese ‚schnelle Zeit' führt dazu, dass sie schnell zu Ende ist."

Das heißt, wir haben Grund zur Annahme, dass wir die finalen Umbrüche bei Lebzeiten erleben und wahrscheinlich - auch darauf weisen viele Botschaften hin - sind wir schon mitten darin.

Gehen wir unseren Weg des Lichts und der Wahrheit. Gestalten wir unsere eigene Lichtspur und begeben wir uns vollkommen in die Hände Gottes. Denn das ist das untrügliche Zeichen dafür, dass wir im Goldenen Zeitalter angekommen sind.

In Dankbarkeit und in Liebe

JAHN J KASSL

Was zählt, ist, dass dein Leben
im Dienste an Gott und im
Dienste am Menschen aufgeht.
Alles andere ist nebensächlich.

BABAJI

BIS DER HERR DICH RUFT

GESPRÄCH MIT
BABAJI

WAS WILLST DU ÜBERLEBEN?
WAS WIRKLICH ZÄHLT!
DIE „SCHNELLE ZEIT“ UND DIE FOLGEN

09. OKTOBER 2018

„Übt euch im Dienen für die Welt, ohne den Tod zu fürchten, ohne Hoffnung zu überleben. Arbeit zeitigt sofortige Resultate, denn was ihr am Morgen beginnt, könnt ihr am Abend als Ergebnis sehen: Die Samen, die ihr morgens sät, sind abends schon zu Keimlingen geworden. So sieht der Bauer die Früchte seiner Arbeit nach sechs Monaten."[1]

WAS WILLST DU ÜBERLEBEN?

JJK: „Ohne den Tod zu fürchten, ohne Hoffnung zu überleben ...", ist es nicht genau das, wovor sich so viele Menschen fürchten – vor dem Tod und kommende Krisen womöglich nicht zu überleben. Ich sehe, es ist ein Irrglaube, dass alles im Leben nur dann gut sei, wenn für alles gesorgt ist, wenn niemand in der Familie stirbt und wenn Krisen unbeschadet überstanden werden. Der Tod ist doch für den, der stirbt, eine Befreiung. Warum haben dann so viele Menschen Angst davor. Um welches „Überleben" geht es wirklich, wenn wir unsterbliche Wesen sind. Das Sterben ist Teil des Lebens und Teil unserer Wiedergeburt. Im Alltag der Menschen hat sich dies jedoch noch nicht verfestigt und es herrscht auch bei spirituellen Suchern sehr viel Unsicherheit darüber.

BABAJI: In der Tat, es ist das Phänomen dieser Zeit, dass für viele Menschen die spirituelle Suche dort endet, wo sie beginnen sollte – nämlich bei den existenziellen

Fragen. Deshalb ist es von Bedeutung, dass einzelne Menschen damit anfangen, über Anfang und Ende und über das, was im Leben wirklich zählt, nachzudenken.

WAS WIRKLICH ZÄHLT!

Was zählt, ist, dass dein Leben im Dienste an Gott und im Dienste am Menschen aufgeht. Alles andere ist nebensächlich. Wer auf diese Weise lebt, der verschwendet seine Energie nicht mit Ängsten und der hat keine Zeit, sich zu fürchten.

JJK: Ich habe in meinem Leben so manche Krise als große, neue Chance erlebt. Für mich ist das wirklich keine abgedroschene Floskel. Warum sind die meisten Menschen unfähig, dies so zu erleben. Denn für die Meisten ist diese gängige Redewendung eine Floskel.

BABAJI: Es ist eine Frage des Bewusstseins. Alles ist eine Frage des Bewusstseins. Jetzt nimmt die Bewusstheit bei immer mehr Menschen zu und so werden die Menschen zu weiteren Betrachtungen fähig. Ohne Bewusstheit ist keine Entwicklung möglich.

JJK: Du hebst die Arbeit, das „Karma Yoga", hervor. Auch dies scheint mir bei den Menschen nicht mehr modern zu sein. Die Faulheit ist weitverbreitet.

Was ich vor allem bei vielen jungen Menschen beobachte, ist, dass sie mit ganz wenig Aufwand viel erreichen wollen. Sich nicht mehr anstrengen zu müssen, um etwas zu erreichen oder damit etwas gelingt, ist weitverbreitet. Es sieht nicht gut aus für die Zukunft der Menschheit!?

BABAJI: Genau darin liegt der Grund, dass sich die Ereignisse, die zwangsläufig kommen müssen, jetzt beschleunigen können.

DIE „SCHNELLE ZEIT" UND DIE FOLGEN

Die meisten Menschen können keine Energie mehr aufbringen, um dieses System zu erhalten.
Das beginnt damit, dass sie auch für ihr eigenes Leben keine Energie mehr aufwenden können. Damit verliert dieses System die Stützen, die Menschen, die dem System zuarbeiten und es am Leben erhalten. Der Zusammenbruch ist unweigerlich.

Diese „schnelle Zeit" führt dazu, dass sie schnell zu Ende ist. Das bedeutet, dass von jetzt an sehr zügig am Projekt Neue Erde gebaut wird.

Davor kommen die Umbrüche und die Verwerfungen, solche, wie sie die Menschheit noch niemals gesehen hat.

Dafür gilt es gerüstet zu sein, was bedeutet: angstfrei und zuversichtlich mit Gottvertrauen zu arbeiten und den Menschen zu dienen – Tag für Tag, bis der Herr dich ruft.

Mit dieser Botschaft segne ich Dich – der du bereit bist, über deine Grenzen zu gehen – und dessen Leben sich durch die Arbeit veredelt.

Ich bin BABAJI

Praktiziert die richtige Demut,
indem ihr euer Licht an der
Anhöhe entzündet, um den
Menschen zu leuchten,
nicht aber, um sie zu blenden.

JESUS CHRISTUS

WIDERSTEHT DER VERLOCKUNG VON MACHT!

GESPRÄCH MIT
JESUS CHRISTUS

PRAKTIZIERT RICHTIGE DEMUT
DIENT DEM GERINGSTEN UND MEIDET
DIE TYRANNEI

12. NOVEMBER 2018

PRAKTIZIERT RICHTIGE DEMUT

Jesus zu den Jüngern:
„Wie ihr wisst, tyrannisieren die Herrscher ihre Völker und wer Macht hat, lässt es die anderen spüren. Aber so soll es bei euch nicht sein. Wer von euch etwas Besonderes sein will, der soll den anderen dienen, und wer von euch an der Spitze stehen will, soll sich allen unterordnen. Auch der Menschensohn ist nicht gekommen, um sich bedienen zu lassen, sondern um zu dienen." (Mk 10, 42 - 45)

Geliebte Menschen,

jetzt beginnt ihr eure Flügel zu heben und euch Richtung Selbstbestimmung, Selbstbewusstsein und Freiheit zu entwickeln. Auf diesem Weg kommt es zu mancherlei Verlockungen - und eine Verlockung birgt eine besondere Gefahr: die Verlockung von Macht.

Durch eure Erkenntnisarbeit erlangt ihr Fähigkeiten, die euch scheinbar über andere Menschen erheben. Ihr gewinnt Stärke, über die viele eurer Mitmenschen noch nicht verfügen, und ihr kennt den Weg, während die große Masse umherirrt. Dies, was euch auszeichnet, kann zu einer neuen Hürde und zu einer großen Last werden, wenn ihr damit nicht verantwortungsvoll, weise und angemessen umgeht.

Der Weg von der Ohnmacht zur Macht birgt eine Gefahr: die Ego-Zentrierung.

Selbstanmaßung oder Selbstherrlichkeit vernichten jede spirituelle Entwicklung.

DIENT DEM GERINGSTEN UND MEIDET DIE TYRANNEI

Das bedeutet, anstatt die euch verliehene oder die von euch erworbene Macht gütlich und demütig anzuwenden, verwendet ihr sie für euch selbst. So, wie ihr selbst einst tyrannisiert wurdet, beginnt ihr nun selbst eure Umgebung oder eure Anhänger zu tyrannisieren.

Anmaßende Meister, unvollkommene Gurus oder vom Ego angetriebene Heiler treten vermehrt auf und anstatt demütig den Menschen zu dienen, befriedigen sie das eigene noch unerlöste Bedürfnis nach Ansehen und Macht.

- Ja, der Menschensohn ist gekommen, um der Menschheit zu dienen – und so wird auch dir Kraft und Macht verliehen, damit du den Menschen dienst.

- Ja, der Menschensohn ist unter den Menschen geblieben, um die Menschen, die seiner Spur folgen, anzuleiten, wie sie mit der neu gewonnenen Macht umgehen sollen.

JJK: *„Jeder soll die Gabe, die Gott ihm geschenkt hat, zum Wohl der anderen einsetzen." (1. Petrus 4,10)*

JESUS CHRISTUS: Zum Wohle anderer bedeutet, sich niemals im eigenen Lichte zu sonnen, sondern sein Licht dem Nächsten zur Verfügung zu stellen. Werdet ihr bewundert, gefeiert oder verehrt, das soll euch genauso wenig berühren, wie wenn ihr gering geschätzt, bekämpft oder missachtet werdet. Wenngleich ihr das Himmelreich auf dieser Erde erschaffen könnt, so ist mein Himmelreich nicht von dieser Welt!

Und erschaffen wird es allein durch Menschen, die demütig ihr Licht aussenden und ihre Flügel schützend über die Menschheit legen.

Zu dienen, heißt, seine Macht weise und in Demut anzuwenden und sich selbst über den Geringsten unter der Sonne Gottes nicht zu erheben.

Praktiziert die richtige Demut, indem ihr euer Licht an der Anhöhe entzündet, um den Menschen zu leuchten, nicht aber, um sie zu blenden.

Ich bin JESUS CHRISTUS

Ein jeder Mensch befindet sich am „spirituellen Pfad“. Es gibt keinen anderen Weg und alle Menschen gehen ihn.
Die Frage ist nur, auf welchem Wegstück, auf welchem Abschnitt des Weges – womöglich auf einem Umweg – sich ein Mensch befindet.

SAI BABA

ES GIBT NUR EINEN WEG

GESPRÄCH MIT

SAI BABA

WIE DURSTIG BIST DU?
MENSCHHEIT IM TRANSFORMATIONSKESSEL

30. NOVEMBER 2018

WIE DURSTIG BIST DU?

„Man muss verstehen: Wer essen soll, muss erst einmal Hunger haben. Um Wasser trinken zu wollen, muss man erst einmal durstig sein. Wer wirkliche Glückseligkeit erleben will, muss sich nach diesem Erlebnis sehnen. Es gibt keine Wirkung ohne Ursache." [2]

JJK: Ist es nicht genau diese Sehnsucht, die den meisten Menschen fehlt? Viele wollen von Schmerzen befreit werden, wollen Wohlstand kreieren oder Gesundheit – aber die Wenigsten sehnen sich nach Gott. Wonach sind die Menschen durstig und welcher Hunger treibt sie an?

SAI BABA: Ich bin bei dir und ich bin bei den Menschen. Es ist eine Wahrheit, dass der Mensch so lange nach einem Gottes-Ersatz sucht, bis er davon gesättigt ist und sich nach dem einzigen wahren Gott zu sehnen beginnt. Auch am spirituellen Pfad ist dies eine unabänderliche Wahrheit. Je älter und reifer eine Seele ist, umso näher kommt sie, diese Sehnsucht, die eines Tages plötzlich durchbricht. Zunächst ist ein stilles Sehnen da, bis es stärker wird und den ganzen Menschen einzunehmen beginnt.

Gott kann erkannt werden, wenn sich ein Mensch Gott vollständig hingibt. Es sind die Sehnsucht, der Durst und der Hunger nach dieser Einheit, die den Menschen dahin führen.

JJK: Das heißt, Menschen, die noch nicht von dieser Sehnsucht nach Gott erfüllt sind, befinden sich auch nicht am „spirituellen Pfad"?

SAI BABA: Ein jeder Mensch befindet sich am „spirituellen Pfad". Es gibt keinen anderen Weg und alle Menschen gehen ihn. Die Frage ist nur, auf welchem Wegstück, auf welchem Abschnitt des Weges – womöglich auf einem Umweg – sich ein Mensch befindet.

Das macht die großen Unterschiede zwischen den Menschen aus, nicht aber welchen Weg ein Mensch gewählt hat – ***es gibt nur einen Weg, den spirituellen Weg, da ihr alle Geistwesen seid.***

JJK: Das heißt, über Menschen, die eine sehr weltliche Sicht der Dinge haben und alles Göttliche ablehnen, sollte nicht zu früh geurteilt werden?

SAI BABA: Nicht zu urteilen, nicht zu verurteilen, nicht zu bewerten, sondern zu verstehen!

Schätzt Menschen und Situationen ein, sorgt dafür, dass ihr die richtigen Schlüsse zieht, versteigt euch aber niemals zu Verurteilungen, nur, da ihr bestimmte Entwicklungen missinterpretiert oder nicht versteht.

Ein jeder Mensch ist am Weg zu Gott, jedoch nur die Wenigsten werden Gott erreichen, da sie noch andere Pläne und Aufgaben haben.

JJK: Die Welt ist, wie sie ist, da die Menschen sind, wie sie sind.

Die tiefe Unbewusstheit führt zu Spannungen, führt zu Kriegen und zu all den Verwerfungen, die es zwischen Völkern und den Menschen gibt. Manchmal denke ich mir, ein wenig mehr Bewusstheit täte uns schon gut – und dennoch befinden sich alle auf dem „spirituellen Pfad"?

SAI BABA: Wer alles daransetzt, dass sich sein Glaube entfaltet und dass die Gottesnähe zunimmt, der wird allmählich transformiert und der hat ab einem bestimmten Punkt kein Gewicht mehr, das er tragen muss.

Weil die Menschen voller Lasten sind – es sind die unerlösten Geschichten aus alten und jüngeren Zeiten – ist es in der Welt, wie es ist.

Das bedeutet, die Menschen sind am Weg – die Einen häufen Lasten an, während sie die Anderen ablegen. Dieser Prozess beschreibt das menschliche Dasein und damit ein jeder Mensch seine Geschichte erfahren und seinen Inkarnationszyklus vollenden kann, bedarf es der Zeit.

MENSCHHEIT IM TRANSFORMATIONSKESSEL

Heute befindet sich nahezu die ganze Menschheit in einem Transformationskessel und ein jeder, der jetzt mitschwingt und mitarbeitet, wird Großes erreichen. Jemand, der destruktive Energien ausagiert, jemand, der für Mord und Totschlag sorgt, oder dessen Herz eine Mördergrube ist, ist der Umkehr oftmals näher als die, die sich wie brave Lämmer verhalten, nur, da sie ihre tiefsten Beweggründe nicht ertragen können und sie somit diese mit aller Kraft unterdrücken und leugnen müssen.

„Spirituell" zu sein, heißt, ein Geistwesen zu sein. Das sind alle Menschen – es gibt keinen einzigen beseelten Menschen, dem Spiritualität abzusprechen wäre.

So lasst euch nicht täuschen, wenn ihr von diesem Menschen oder jenem Ereignis sprecht. Vielem wohnt ein Zauber inne, den ihr nicht zu sehen vermögt, und manches enthüllt sich euch erst, wenn ihr bestimmte Vorstellungen aufgebt und Meinungen und Annahmen überwunden habt.

Dies ist im Prozess der Transformation beschrieben, denn ehe eine Raupe zum Schmetterling wird, nimmt sie sich die Zeit, um die alte Form vollständig aufzulösen und abzustreifen.

Für deinen Transformationsprozess bedeutet dies: Wenn du bereit bist, dich vollständig zu wandeln, wirst du vollständig gewandelt werden, wenn du bereit bist, dich ganz auf Gott einzulassen, wird ER dich erhören und wenn du bereit bist, alte Denkmuster und Handlungsweisen wirklich zu hinterfragen und abzuändern, dann gewinnt dein Weg an Fahrt und dann ist deine Ankunft nahe.

Wenn du wirklich bereit bist, ereignet sich deine Vollendung in einem einzigen Augenblick.

Bist du so weit?

Was also sorgst du dich darum, wie weit die Menschheit oder deine Mitmenschen sind.

Vollende dich selbst und du hast alles erreicht! Es gibt keinen größeren Sieg, den ein Mensch erlangen könnte.

Die Frage allein ist: Wie hungrig und wie durstig bist du wirklich?

Ich bin SAI BABA
Ich bin und ich bleibe bei dir.

Je schwerer die Lasten der
Vergangenheit sind, desto
erdrückender ist die Gegenwart
und umso mehr ist solch ein
Mensch bestrebt, sein Leben auf
die Zukunft zu verschieben.

SANAT KUMARA

NEHMT DAS LEBEN IN DIE HAND

GESPRÄCH MIT

SANAT KUMARA

DIE BEDEUTUNG DER VERGANGENHEIT
FÜR DIE ZUKUNFT
WER IM JETZT LEBEN MÖCHTE
UNREALISTISCHE ERWARTUNGSHALTUNGEN
WIE LEBEN VERDRÄNGUNGSKÜNSTLER?
GOTT ERWARTET DICH IM ZEITLOSEN SEIN

08. DEZEMBER 2018

DIE BEDEUTUNG DER VERGANGENHEIT FÜR DIE ZUKUNFT

Geliebte Menschen,

die großen Umwälzungen stehen noch bevor und die alles verändernden Ereignisse stehen noch aus. Was falsch ist, wird richtiggestellt, was schief ist, wird gerade gemacht, und was unwahr ist, erlischt. Die Wahrheit gelangt ans Licht.

Dennoch ist die Umgestaltung der Erde seit Jahren in vollem Gange.

In dieser Zeit ist es von unschätzbarem Wert, alle Ereignisse, die schon gekommen sind und die noch kommen werden, mit dem Blick eines zeitlosen Bewusstseins zu betrachten. Erkennt in den Ereignissen der Vergangenheit die Bedeutung für Gegenwart und Zukunft. Das Verständnis vom Lauf der Dinge ist elementar, so du dein Bewusstsein für die zeitlose Wahrnehmung öffnen willst.

Wer versteht, wie alles zusammenhängt und zusammenwirkt, der kann ein Leben im Jetzt viel leichter führen als jemand, der seinen Blick immer auf einzelne Ereignisse heftet.

und von jeder Erwartungshaltung befreit sein will, der mache sich bewusst, dass es dafür eines tief greifenden Verständnisses dieses einmaligen Vorgangs des Aufstiegs bedarf.

Ungeduldig ist, wer aus der menschlichen Perspektive kosmische Vorgänge betrachtet. Wer sich hingegen mit seinem göttlichen Bewusstsein in das Magnetfeld des Wissens einklinken kann, für den ist deutlich, was für eine geringe Bedeutung die Zeit bei diesem Vorgang hat.

Die Zeit ist geknüpft an Vergangenheit, Gegenwart und Zukunft. Mit der Vergangenheit sind oft traumatische Ereignisse verbunden, die einer Erlösung bedürfen. Mit der Gegenwart sind oft Ängste verbunden, die einer Bewusstmachung bedürfen und mit der Zukunft sind Erwartungen verbunden, die einer Korrektur bedürfen.

Alle diese Bereiche deiner Wahrnehmung bedürfen einer Heilung und der Bewusstwerdung.

Deshalb ist es für einen Menschen, der mit den Lasten der Zeit lebt, schwer, in das zeitlose Bewusstsein einzutauchen. Die Voraussetzung dafür ist ein leichtes Gepäck und ist ein weitgehend transformiertes Wesen.

Je schwerer die Lasten der Vergangenheit sind, desto erdrückender ist die Gegenwart und umso mehr ist solch ein Mensch bestrebt, sein Leben auf die Zukunft zu verschieben.

UNREALISTISCHE ERWARTUNGSHALTUNGEN

haben den Ursprung darin, dass ein Mensch sein Leben nicht selbst in die Hand nehmen möchte. Wer sein Leben aktiv gestaltet, der weiß, was er vom Leben erwarten darf.

Wer am Leben aktiv teilhat und wie ein Bildhauer sein Inneres formt, bis es vollendet ist, der verliert den Bezug zur Vergangenheit und Zukunft.

Auch die Gegenwart bereitet diesem Menschen keine Ängste, da er durch seine Transformationsarbeit täglich erlebt, wie er zum Bezwinger seiner Ängste und somit zum Gestalter seines Lebens wird.

Für den Ohnmächtigen sind Vergangenheit und Zukunft eine Bedrohung und die Gegenwart wird mit Furcht erlebt. Für den, der sein Leben selbst in die Hand nimmt, gewinnt die Gegenwart in dem Maße an Bedeutung, wie Vergangenheit und Zukunft an Bedeutung verlieren.

WIE LEBEN VERDRÄNGUNGSKÜNSTLER?

JJK: Doch es gibt viele Menschen, die wenig an sich selbst arbeiten und dennoch weder von ihrer Vergangenheit noch von Zukunftsängsten geplagt werden. Wie biegen sich diese „Verdrängungskünstler" ihr Leben zurecht und warum nehmen diese Menschen oft all ihre „Geheimnisse" mit ins Grab oder mit auf die andere Seite des Schleiers?

SANAT KUMARA: Diese Menschen verschieben ihre noch offenen Themen in einen Winkel ihres Bewusstseins, der ihnen im Alltag nicht zugänglich ist und keine Schwierigkeiten macht. Allmählich entsteht dadurch eine Kopie ihrer selbst, das heißt, ein feinstoffliches Elemental[3] oder eine eigenständige Entität, um das Verdrängte auf andere Weise – ausgelagert – zu erleben. Dieses Phänomen ist in der Psychologie bekannt, doch hier soll vor allem die spirituelle Dimension erläutert werden.

Deshalb ist sehr oft zu beobachten, dass einzelne Menschen sehr unterschiedliche Gesichter haben, die oftmals im extremen Widerspruch zueinanderstehen. Es sind die Gesichter der verdrängten inneren Konflikte. Ihre irrationalen Verhaltensweisen sind oft nicht zu erklären.

Je stärker der Verdrängungsmechanismus ist, umso stärker sind die Stimmungsschwankungen und desto gravierender sind die Verzerrungen in der Persönlichkeit. Ein Mensch, der seine Themen verdrängt, muss sie woanders parken, um seinen Alltag überhaupt bewältigen zu können.

Vielen dieser Menschen ist ein Erkenntnisweg nicht bestimmt und so halten sie sich folgerichtig von jeder Bewusstseinsarbeit fern.

Weitverbreitet ist in dieser Zeitspanne auf Erden auch, dass sich Menschen, die durchaus mit der Absicht, ihre noch offenen Themen aufzulösen, geboren wurden, jetzt „umentscheiden". Es gibt in der Tat sehr viele Menschen, die den ursprünglichen Lebensplan verwerfen und ganz andere Wege gehen.

Von diesen unterschiedlichen Variationen des menschlichen Daseins auf Erden war in diesem Abschnitt der Botschaft die Rede.

Es ist also immer bedeutend, die Selbstheilung und die Bewusstseinsarbeit fortzusetzen. Denn in den Himmel eintreten kannst du nur mit leichtem oder ohne Gepäck.

GOTT ERWARTET DICH IM ZEITLOSEN SEIN

- Bereite dich darauf vor, indem du die Vergangenheit heilst, um dich lieben zu können.
- Bereite dich darauf vor, indem du die Gegenwart selbst gestaltest, wodurch du Zukunftsängsten die Nahrung entziehst.
- Bereite dich vor, indem du ganz wirst und alle von dir abgespaltenen Seelenteile zurückholst und sie in dein Wesen integrierst.

Das ist der Weg in deine Vollkommenheit und in die goldene Zukunft der Menschheit.

Ich bin SANAT KUMARA

… auch wenn ihr euren Unmut
gegenüber den Herrschern
zu Ausdruck bringt,
der tatsächliche Wandel wird
in jedem Einzelnen bewirkt
und niemals von Politikern
oder der Politik, niemals durch
Umstellungen im System,
sondern nur durch
die Auflösung desselben.

SAI BABA

VOM „TEILZEIT-SUCHER“ ZUM WERKZEUG GOTTES

GESPRÄCH MIT

SAI BABA

SCHMERZEN ALS GESCHENK GOTTES
EINE HALBE „VERMÄHLUNG“ GIBT ES NICHT!
MÖGLICHKEIT DES KOLLEKTIVEN ERWACHENS BESTEHT
IST DER TEUFEL GÖTTLICH?

23. DEZEMBER 2018

SCHMERZEN ALS GESCHENK GOTTES

„Eure Beschwerde, Gott antworte nicht und schütte seine Gnade nicht aus, selbst wenn ihr ernsthaft betet, ist auf Teilzeit-Spiritualität und nur halbherziges Sehnen zurückzuführen. Wer von ganzem Herzen Schmerz und Freude gleichermaßen als Geschenk Gottes annimmt und es nicht wagt, sie als gut oder schlecht zu bewerten – der ist wahrhaft Gott ergeben. In solcher Haltung kann man unbeschwert und glücklich leben." [4]

JJK: Die Freude anzunehmen, damit tun sich die Menschen leicht. Den Schmerz als Geschenk Gottes zu erkennen, ist ungleich schwerer. Gibt es eine Hilfestellung dafür?

SAI BABA: Ich umfange dich mit meiner ganzen Liebe. Die Hilfestellung besteht darin, dass ich dir helfe, deine noch unerkannten Themen zu erhellen. Denn sobald es in dir lichter ist, kann die Sehnsucht nach Gotteserkenntnis geboren werden. Du wirst vom „Teilzeit-Sucher" zum bedingungslosen Werkzeug Gottes. Dann sind Schmerzen und Freude gleichsam willkommen, da du erkennst, dass beides von Gott kommt. Sobald es dir gelingt, dich ganz auf Gott einzulassen und Gott vollkommen zu vertrauen, ist die Zeit, in der du mit dir selbst oder mit dem Schicksal haderst, vorbei.

Darauf sollen all deine Bemühungen abzielen: das bedingungslose Gottvertrauen zu erlangen und die Sehnsucht nach Gott in deinem Herzen zu erwecken.

JJK: Warum haben damit so viele Menschen zu kämpfen? Sind all diese Menschen nicht ernsthaft genug in ihrer Suche?

SAI BABA: Ein jeder Mensch legt in seine Suche nach Gott die Energie, die er bereit und fähig ist, dafür aufzuwenden. Solange sich die Menschen von dieser Welt ablenken lassen und für die Suche zu wenig Zeit, zu wenig Energie oder zu wenig Hingabe aufbringen, verfügen sie über ein zu geringes Verständnis dafür.

EINE HALBE „VERMÄHLUNG" GIBT ES NICHT!

Wer sich auf Gott nur halb einlässt, dem kann sich Gott nicht offenbaren. Stellt euch einen Mann oder eine Frau vor, die sich nur halb aufeinander einlassen - wo es an Liebe fehlt und an Innigkeit mangelt.
Was ernten diese Menschen? Wenig bis gar nicht - sie bleiben unerfüllt zurück. Umso mehr trifft dies auf die Beziehung mit Gott zu.

Eine halbe „Vermählung" gibt es weder zwischen zwei Menschen noch zwischen dem Menschen und Gott.

Legt mehr Gewicht in eure Beziehungen und ihr werdet viel mehr Kraft, Sinn und Liebe daraus schöpfen. Umso mehr trifft dies auf deine Beziehung mit Gott zu. Denn solange deine Hingabe und Liebe zu Gott nicht absolut ist, signalisierst du, dass du am weltlichen Spiel noch Gefallen findest und deine Reise noch nicht beenden willst. Somit lässt dich Gott gewähren, bis du dich eines Tages gesättigt von der Welt ab- und vollständig zu Gott hinwendest.

Gott ist der oder die Geliebte und erwartet dich, sobald du diese Liebe erwiderst – und währenddessen wirst du bedingungslos geliebt und für dich unbemerkt lenkt dein Geliebter die Geschicke deines Lebens.

Gott will dich ganz und wartet nur darauf, bis auch du Gott ganz möchtest.

Bis ein Mensch dort angelangt ist, gilt es viele Irrtümer zu erkennen und Illusionen zu durchschauen. Es gibt nur wenige wahre Sucher unter den Menschen, es gibt jedoch viele, die sich auf den Weg des Lichts begeben haben und nach und nach ein tieferes Verständnis dafür entwickeln. Die Menschheit ist am guten Wege, auch wenn es in manch jemandes Augen nicht so zu sein scheint.

JJK: Wird es einen Tag in der Geschichte der Menschheit geben, an dem ganz plötzlich alle Menschen erwachen können?

Ich denke da an den Tag X, an den Tag, an dem die Zeit stehen bleibt, wie in der Botschaft „Aufhebung der Zeit" von ASANA MAHATARI [5] oder an die „Null-Zone" aus „Die Schlüssel des Enoch": *„Diese Neuprogrammierung wird während des Zeitzyklus des großen Kataklysmus stattfinden. Diese große Erdkatastrophe wird damit beginnen, dass kosmische Wellen auf die Erde treffen, noch bevor unser Sonnensystem in eine elektromagnetische Null-Zone eintritt, die ein Wellen-Bombardement der Polgebiete hervorrufen wird."* [6]

Kann aufgrund dieser Ereignisse und des kosmischen Lichts, das uns zufließt, ein kollektives Erwachen augenblicklich einsetzen?

MÖGLICHKEIT DES KOLLEKTIVEN ERWACHENS BESTEHT

SAI BABA: Ja, diese Möglichkeit besteht und dafür ist es notwendig, einen bestimmten Schwellenwert von Schwingung zu erreichen. Daran arbeiten die lichten Mächte des Himmels im Verbund mit den lichten Mächten der inneren und oberen Erde. Das ist im Begriff des Aufstiegs beschrieben: Wiedergeburt der Menschen und Erhebung des Planeten in die 5. Dimension des Seins – keine Revolution, sondern die Neugeburt jedes einzelnen Menschen.

Nehmt also Abstand davon, die Welt durch Gewalt oder Massenkundgebungen zu verändern. Denn auch wenn ihr euren Unmut gegenüber den Herrschern zu Ausdruck bringt, der tatsächliche Wandel wird in jedem Einzelnen bewirkt und niemals von Politikern oder der Politik, niemals durch Umstellungen im System, sondern nur durch die Auflösung desselben.

JJK: Die Schmerzen als ein von Gott gegebenes Geschenk zu erfahren ... Wie kann man sich sicher sein, dass dies von Gott gegeben ist – und nicht, dass Schmerzen selbst kreiert wurden, da man bestimmte Dinge noch nicht erkannt hat?

SAI BABA: Jeder Mensch, der Schmerzen aufgrund von noch unerlösten Situationen erdulden muss, erhält dadurch die Chance, daran etwas zu ändern.

Durch das Leid kann ein Mensch, der anders nicht zur Umkehr zu bewegen ist, bewegt werden.

Das heißt, auch wenn ein Mensch sich diese Sache selbst – durch Ignoranz oder fehlende Einsicht – kreiert hat, so kommt dieses Geschenk dennoch von Gott. Denn in Wahrheit existiert nichts und niemand getrennt von Gott. Alles, was ein Mensch kreiert – positiv oder negativ – ist göttlich.

IST DER TEUFEL GÖTTLICH?

JJK: Heißt das, der Teufel ist göttlich?

SAI BABA: Der Teufel, das dunkle Prinzip der Schöpfung, bietet den Menschen die Plattform für das Erlebnis der Trennung von Gott. Damit erfüllt dieses Prinzip eine bedeutende Aufgabe, ohne die dieses „Spiel auf Erden" unmöglich wäre. Denn dieses Spiel hat den Sinn, es zu durchschauen und sich nicht mehr täuschen zu lassen.

Dieses Spiel hat für viele lichte Engel eine enorme Faszination, anderenfalls würdet ihr niemals auf die Erde hinabsteigen und diese Erfahrung machen wollen. Das dunkle Prinzip möchte die Menschen verführen und so lange wie möglich im Spiel halten. Das ist die Aufgabe, die dem Teufel übertragen wurde. Es ist so erlaubt, so gewollt und so vorhergesehen - von Gott.

Nichts, absolut nichts existiert ohne den Willen Gottes. Ist dir das bewusst, dann hast du die Einheit allen Seins in dir erlangt und es gibt keine Fragen mehr.

Ich liebe dich unendlich und ich bin bei dir alle Zeit.

SAI BABA

Wenn du das Angebot
der Kraft, die Verwirrung erzeugt,
zurückweist und die Einladung
der Kraft, die Gutes erschafft,
annimmst – dann sind wir eins.

JESUS CHRISTUS

SPRICH NUR EIN WORT

GESPRÄCH MIT
JESUS CHRISTUS

WAHRE DEMUT
WANN WIRD „GEWALTIG“ EINGEGRIFFEN?

24. DEZEMBER 2018

„Ihr seid schon rein durch das Wort, das ich zu euch gesagt habe. Bleibt in mir, dann bleibe ich in euch." (Bibel, Johannes 15, 13)

Und an anderer Stelle:
„Der Hauptmann antwortete und sprach: HERR, ich bin nicht wert, dass du unter mein Dach gehest; sondern sprich nur ein Wort, so wird mein Knecht gesund." (Bibel, Matthäus 8, 8)

JJK: Was ist damit gemeint?

JESUS CHRISTUS: Hingabe und Gottvertrauen – wer das besitzt, hat alles.

Geliebte Menschen,
ein Wort aus dem Mund eines Menschen, der von Gott entsandt ist und durch Gott lebt, vermag alles. Ein solches Wort hat die Macht, jede Last zu entfernen und den Menschen augenblicklich zu heilen. Ein Wort zur rechten Zeit – am richtigen Ort und an den richtigen Menschen gerichtet – bewirkt Wunder. Die Meister sind sich dessen bewusst und so gehen sie achtsam mit Worten um.

„Sprich nur ein Wort…", dies setzt beim Menschen vollkommenes Vertrauen in die Kraft des Lichts, das von einem Meister ausgeht, voraus – und so kann geschehen, was geschehen soll.

WAHRE DEMUT

Diese Grundhaltung eines Menschen führt zu Demut. Nur Menschen, die fähig sind, einen wahren Meister genauso zu erkennen wie einen falschen Propheten, können wahre Demut leben.

Sich in Demut vor der Kraft Gottes zu verneigen, heißt, nicht sich selbst zu erniedrigen, sondern sich zu erhöhen. Denn zu erkennen, wo das Licht Gottes wirkt und wer es repräsentiert, heißt, sich zum Lichte aufzuschwingen – und obwohl wahre Demut den Menschen erhöht, ist sie frei von Hochmut.

JJK: Viele Menschen, vor allem katholischer Prägung, tragen eine aufgesetzte Demut wie eine Monstranz vor sich her. Was hat es damit auf sich?

JESUS CHRISTUS: Diese Menschen glauben, dass das sich „Kleinmachen" und sich dumm zu stellen Demut sei. Diese Menschen glauben, dass dies gottgefällig ist. Von den Kirchen in diese Richtung gelenkt, verstehen viele Menschen die Demut falsch. Aus diesem Gefängnis zu entkommen, ist nur möglich, wenn der einzelne Mensch beginnt, Fragen zu stellen und vor allem, wenn er bereit ist, sich selbst zu hinterfragen. Diese Art von Demut ist eine Stufe in der religiösen Entwicklung. Es ist die Stufe der Heuchelei, die überwunden wird, sobald die dafür notwendigen Erkenntnisprozesse durchlaufen wurden.

JJK: Einem Menschen, der diese falsche Demut lebt, das zu sagen, führt zu nichts – oder?

JESUS CHRISTUS: Jedes Wachstum folgt seinen eigenen Gesetzen und es geschieht, sobald die Voraussetzungen dafür gegeben sind. Die wichtigste Voraussetzung für jede Erkenntnis ist, dass der Mensch den Punkt in seinem Leben erreicht hat, wo er von sich aus bereit dafür ist.

Eine verschlossene Muschel kann nur mit Gewalt aufgebrochen werden. „Gewalt" wird bei Erkenntnisprozessen in seltenen Fällen angewandt und ist nicht die Regel.

WANN WIRD „GEWALTIG" EINGEGRIFFEN?

JJK: Was ist so ein „seltener Fall"?

JESUS CHRISTUS: Gewaltig eingegriffen wird oftmals bei Menschen, die hohe Aufträge in das Erdenleben mitgebracht haben und die dabei sind, diese zu verfehlen. Wer geboren wurde, um dem Lauf der Welt eine Wende in Richtung lichtvolle Zukunft zu geben, und wer dies vernachlässigt, erhält durch einschneidende Ereignisse die Gelegenheit, den Kurs zu korrigieren.

JJK: Was ist mit den „Durchschnittsmenschen"? Viele erfahren „Gewalt".

JESUS CHRISTUS: Gewaltsame Umbrüche im Leben haben immer viele Ursachen. Bei allen jüngeren Seelen ist es Teil des „Abenteuers" und Teil von alten und neuen Karma-Ketten! Bei allen älteren Seelen geht es darum, dass sich bestimmte Leben nicht mehr wiederholen und dass Umwege vermieden werden.

Ein „Erwachter", der träumt, erhält andere Gelegenheiten zum Aufwachen als ein „Schläfer", der jeder Biegung im Labyrinth der Zeit mit Neugier begegnet.

JJK: *„Wie die Rebe aus sich keine Frucht bringen kann, sondern nur, wenn sie am Weinstock bleibt, so könnt auch ihr keine Frucht bringen, wenn ihr nicht in mir bleibt.* (Bibel, Johannes 15, 14)

Was bedeutet „in dir zu bleiben"?

JESUS CHRISTUS: Wenn das Christusbewusstsein eingeflößt wird, dann bist du in mir und ich bin in dir. Liebe und Vergebung, Mitgefühl und Hingabe an das Göttliche - dann sind wir eins und nichts kann uns trennen.

Wenn du das Angebot der Kraft, die Verwirrung erzeugt, zurückweist und die Einladung der Kraft, die Gutes erschafft, annimmst – dann sind wir eins.

Ich bin bei dir, ich bin in dir, ich bin

JESUS CHRISTUS

Den Weg, den du heute
nicht beschritten hast,
gibt es morgen nicht mehr.

GOTT

AUF DAS BAUCHGEFÜHL HÖREN ODER DOCH NICHT?

GESPRÄCH MIT
GOTT

DIALOG ZWISCHEN BAUCHGEFÜHL UND HOHEM SELBST
POLITIK: WIRD ALLES SCHLECHTER, EHE ES BESSER WIRD?
GEDULDIG ZU SEIN, HEISST, PASSIV ZU SEIN!
SEI SELBST DIE VERÄNDERUNG

28. DEZEMBER 2018

DIALOG ZWISCHEN BAUCHGEFÜHL UND HOHEM SELBST

BERICHT JJK: *Seitdem ich am Land wohne, gehe ich jeden Tag 1–2 Stunden spazieren. Es ist wunderbar über Felder, Wiesen, Täler, Hügel und durch Wälder zu gehen und mit der Natur verbunden zu sein. Zudem laden die unzähligen Wandermöglichkeiten in dieser Gegend dazu ein, täglich eine neue Route zu nehmen. Heute sperrt es mich total, einen sehr schönen Weg, den ich schon kenne, zu nehmen. Doch meine innere Stimme beharrt darauf. Ich lasse mein Bauchgefühl beiseite, höre auf die innere Stimme und siehe da nach 300 Metern stehe ich vor einer Weggabelung, die ich noch nicht kannte – und der mir eigentlich vertraute Weg nimmt eine völlig andere Richtung.*

Interessant ist jetzt für mich die Beobachtung, dass ich meiner inneren Stimme und nicht meinem Bauchgefühl vertraut habe. Hier habe ich, während Gefühl und innere Stimme miteinander diskutierten, einen deutlichen Unterschied festgestellt. Mir schien der inneren Stimme zu folgen besser, da sie mir „souveräner" vorkommt und eine übergeordnete Wahrnehmung einnimmt. Das Bauchgefühl hingegen schien mir diesmal nicht zuständig.

Meine Frage ist nun: Wie können die Menschen richtige Entscheidungen treffen, wenn innere Stimme und Bauchgefühl gegensätzliche Impulse senden?

Oder wie können sie diese zwei Stimmen überhaupt wahrnehmen? (BERICHT ENDE)

GOTT: Ich bin bei dir, geliebter Mensch.

Die innere Stimme ist mit dem Hohen Selbst verbunden und hat immer den Überblick. Diese fühlt sich oft neutral an, deren Liebe ist ein leises Flüstern und du hast das heute so wahrgenommen. Das Bauchgefühl oder die menschliche Intuition ist ein Schutzmechanismus, der sein ganzes Wissen aus den bereits gemachten Erfahrungen eines Menschen bezieht. Während die innere Stimme aus dem Energiefeld der reinen Göttlichkeit schöpft, liegen dem Bauchgefühl die Ahnungen dieser Matrix zugrunde.

JJK: Wie können die Menschen das unterscheiden? Heute ist es modern zu sagen: *„Höre auf dein Bauchgefühl!"*, aber viele Menschen tun dies und erleben dann oftmals eine Enttäuschung.

GOTT: Übung macht den Meister. Fragt euch immer, wer ist es, der dies oder jenes möchte. Hört und spürt in euer Inneres hinein und unterscheidet zwischen den einzelnen Stimmen, die euch mit Rat dienen. Sehr oft meldet sich nur eine Stimme, da der Fall klar ist. Dann vertraut dem Bauchgefühl genauso wie der Stimme des Hohen Selbst. Manchmal jedoch ist die Situation strittig.

Dann gilt es diesen inneren Dialog zu führen.

Für den Anfang ist es gut zu wissen, dass sich das Hohe Selbst anders bemerkbar macht als das Bauchgefühl. Das Hohe Selbst steht über den Dingen, fungiert als Betrachter und ist in der Lage, urteilsfrei zu beobachten. Es ist souverän und löst in dir keine unguten Gefühle in der Bauchregion aus.

Das reine Bauchgefühl jedoch wird von Emotionen hin- und hergerissen. Es macht richtig auf sich aufmerksam und es möchte dich dadurch auf den als richtig erkannten Weg führen.

Die Liebe des Hohen Selbst ist sanft, während sich die Liebe der dir angeborenen Intuition in deiner Bauchregion deutlich bemerkbar macht.

Diese zwei Ebenen gilt es zu unterscheiden und du wirst immer die richtige Abzweigung nehmen und am Weg bleiben.

JJK: Jetzt, kurz vor dem Jahreswechsel, nehme ich wahr, dass sich auf der Welt 2019 viel verändern kann oder auch wird – zunächst noch mehr Chaos und dann, ganz plötzlich, kippt alles in eine ganz andere Richtung.
Ich war gestern in Wien in einem großen Kaufhaus und habe dort die Menschen als unbewegliche Konsum-

Masse, die die Weihnachtsgeschenke zurückbringt und umtauscht, wahrgenommen.

Ich sehe, was weltpolitisch geschieht, und die verrückten Politiker steigen nicht vom Gas. Andererseits sehe ich, dass einzelne Menschen durchaus aufwachen. Ist dieser oft zitierte Befund richtig: „Bevor es besser wird, muss es erst mal noch schlechter werden."

POLITIK: WIRD ALLES SCHLECHTER, EHE ES BESSER WIRD?

GOTT: Es wird so werden, wie es die Menschen für sich bestimmen. Hier ist die Ausrichtung des einzelnen Menschen gefragt und nicht die der ganzen Menschheit. Denn wer mit Gott ist, dessen Lebenskurve weist in eine völlig andere Richtung als bei jenen, die ganz andere Stadien ihres Bewusstseins durchlaufen.

Eure Politiker sind genauso bewusst oder unbewusst, wie es die Menschen, die sie wählen, sind. Das kann 1 zu 1 auf die Gesellschaft übertragen werden. Politiker sind Repräsentanten der Menschheit, auch wenn sie die Menschen nicht vertreten.

Sie sind der Spiegel der Menschheit.

JJK: Dann haben wir aber noch nicht viel begriffen?

GOTT: Das kollektive Bewusstsein der Menschheit befindet sich durch die Anstrengung einzelner Menschen in großem Aufbruch. Es bricht auf, sodass Licht hineingelassen werden kann. Das führt zu einer neuen Wahrnehmung von immer mehr Menschen. Das heißt, in einer sehr absehbaren Zeit werden ganz andere Menschen für ein öffentliches Amt zur Wahl stehen als bisher. Bis dahin wird es vielerorts große Unruhen geben und die alten Systeme werden sich selbst zerstören oder zerstört werden.

JJK: Das heißt, es ist am Weg und wir brauchen Geduld?

GEDULDIG ZU SEIN, HEISST, PASSIV ZU SEIN!

GOTT: Nein, keine Geduld! Denn geduldig zu sein, heißt, passiv zu sein. Erschafft Tag für Tag eine neue und bessere Wirklichkeit in eurem Lebensumfeld.
Seid dort ein Meister, wo ihr ein Meister sein könnt und wohin ihr von Gott, der ich bin, entsandt wurdet.

Warte nicht auf eine Verbesserung, sondern verbessere die Welt noch heute – und dies, indem du dich jetzt mit allem, was noch unvollkommen ist, beschäftigst. Solange du Zeit dafür hast, ungeduldig zu sein, lebst du noch nicht richtig.

JJK: Leben im Jetzt und alles Andere ergibt sich von selbst - oder wie es JESUS sagte: *„Trachtet zuerst nach dem Reich Gottes und nach seiner Gerechtigkeit, so wird euch alles Andere zufallen."* (Bibel, Matthäus 6, 33)

GOTT: Trage Verantwortung für deine eigene Verwandlung, für das eigene Erwachen und für die eigene Wiedergeburt. Dafür bieten sich dir täglich neue Chancen, die du nur zu ergreifen brauchst. Täglich gibt es neue Weggabelungen und täglich kannst du deine Fähigkeit, mit deinem Inneren zu kommunizieren, erweitern. Dadurch erzeugst du eine ganz neue Alltagsrealität für dich selbst. Das ist die Basis für alles in der Welt.

Bist du ganz bei dir selbst angekommen und dir deiner Verantwortung für das Ganze bewusst, dann beginnt sich deine Umwelt zu verändern.

Den Schwellenwert für den großen Wurf erreichen wir, sobald genug einzelne Menschen mit sich selbst in Verbindung stehen und mit Gott eine Einheit sind.

SEI SELBST DIE VERÄNDERUNG

Ändere die Welt, indem du in deinem Mikrokosmos so lange alles umstellst, bis sich alles am richtigen Platz befindet.

JJK: Es ist für mich DAS MANTRA dieser Zeit:
„Sei selbst die Veränderung, die du dir für die Welt wünschst."

GOTT: Sei selbst – SEI bedeutet jetzt und nicht morgen oder übermorgen.

Den Weg, den du heute nicht beschritten hast, gibt es morgen nicht mehr.

Halte Ausschau nach der Einmaligkeit von Gelegenheiten.

Versäumtes am spirituellen Pfad kann nicht nachgeholt werden, sondern es kommt auf ganz andere Weise wieder – bis die Lektion gelernt ist.

Umwege führen dich am Ende auch zu mir: Jedoch mache dir bewusst, dass du womöglich deshalb in dieser Zeit geboren wurdest, um frei von Umwegen direkt zu mir zu gelangen.

Wir beschließen unser heutiges Zusammensein im Lichte Gottes, der ich bin.

Erschafft die Erde neu, erbaut das Haus auf festem Boden und zählt weder die Stunden noch die Tage bis sich der Himmel öffnet, denn ich sage dir:

Der Himmel ist schon offen – für dich und alle Menschenkinder.

Ich bin GOTT

Ob du nun am spirituellen Pfad
ein Egoist oder am weltlichen
Pfad ein Egoist bist,
spielt keine Rolle.
Beides ist gleichsam ungesund
für dein Wesen und das Selbst
bleibt unerkannt.

MEISTER KONFUZIUS

DEMUT IST DIE BOMBE FÜR DAS EGO

GESPRÄCH MIT
MEISTER KONFUZIUS

EMPFÄNGLICH ZU SEIN FÜR DIE WAHRHEIT
ZERSTÖRUNG DES EGOS
DEMUT UND HINGABE
HINGABE HAT NICHTS MIT KRITIKLOSIGKEIT
ZU TUN!
WER AUFWACHT, HAT NOCH NICHTS GETAN!
AUFWACHEN IST KEINE ERLEUCHTUNG

13. JANUAR 2019

EMPFÄNGLICH SEIN FÜR DIE WAHRHEIT

Sich staunend auf das Leben einzulassen, bringt Demut hervor und hält das Ego im Zaum.

Geliebte Menschen,

sich staunend auf das Leben einzulassen, bringt Demut hervor und hält das Ego im Zaum. Werdet, seid und bleibt empfänglich für die Wahrheit, dann könnt ihr niemals vom Wege abkommen.

Wer sich der Wahrheit hingibt, gibt sich Gott hin, und wer seine Ängste vor der Wahrheit erlöst, erlangt Erlösung.

Der Transformationsprozess beinhaltet die Begegnung mit der Wahrheit und führt dich in der Folge zu wahrer innerer Demut. Denn sobald du deiner eigenen Negativität begegnest, sie dir bewusst machst und sie für die Heilung dem Lichte übergibst, wirst du keine Steine mehr auf andere Menschen werfen wollen.

Gleich, wie oft dich dein Ego verleiten möchte, mit dem Finger auf andere zu zeigen, ab einer bestimmten Stufe deiner Entwicklung weißt du, dass dies niemals angemessen ist. Auf diese Weise agierst du als Meister und nicht als Sklave des Egos.

ZERSTÖRUNG DES EGOS

JJK: Im wunderbaren Buch von Dieter Broers, „Metamorphose der Menschheit", habe ich folgende Stelle von Swami Sivananda aus dem „Samadhi Yoga" gefunden: *„Demut ist eine Bombe unendlicher Kraft und sie allein kann die uneinnehmbare Festung des Egoismus zerstören. Egoismus ist härter als Granit oder Stahl. Eintausend Bomben können eine große Stadt, gar ein Land zerstören, doch nur die Bombe der Demut allein, die mehr Kraft besitzt als alle Bomben der Welt zusammen, kann den Egoismus vernichten."* [7]

Geht es dabei wirklich um die „Zerstörung" des Egos?

MEISTER KONFUZIUS: Um Freiheit durch die göttliche Erleuchtung zu erlangen, muss das Ego aufgelöst werden. Von geringerer Bedeutung dabei ist, wodurch dies geschieht. Tatsache ist, dass das Ego niemals freiwillig seinen Platz in deinem Leben räumen wird.

Das heißt, ehe du zum BUDDHA werden kannst, muss sich das Ego gänzlich auflösen - durch Zerstörung oder durch die Transformation - und beides geschieht durch das göttliche Licht. Es geschieht, indem der Funke der Demut, der in dir vorhanden sein muss, entzündet wird.

DEMUT UND HINGABE

Demut und Hingabe an das Göttliche bringen einen Menschen weiter, als er es sich vorstellen kann. Keine Transformationsarbeit ist wirkungsvoller als gelebte Demut und absolute Hingabe an Gott. Diese innere Haltung räumt alle Blockaden und Störfelder in Windeseile aus dem Weg und die Erleuchtung folgt unmittelbar.

Bei all deinen Anstrengungen – die Erleuchtung, das heißt, die Wiedervereinigung mit Gott zu erlangen – ist die innere Haltung von Demut und Hingabe die wichtigste.

Wer so weit ist, wird alle Grenzen sprengen, wer diesen Willen nicht besitzt, kommt – gleich welche Anstrengungen er auch unternimmt – nicht weit.

Denn bei allen Prozessen gilt es dem Egoismus auf die Spur zu kommen und zu entdecken, wie subtil sich das Ego auch in deine spirituellen Prozesse einmengt.

Ob du nun am spirituellen Pfad ein Egoist oder am weltlichen Pfad ein Egoist bist, spielt keine Rolle. Beides ist gleichsam ungesund für dein Wesen und das Selbst bleibt unerkannt.

HINGABE HAT NICHTS MIT KRITIKLOSIGKEIT ZU TUN!

JJK: Viele Menschen verwechseln Hingabe mit Kritiklosigkeit. Auch dazu habe ich im genannten Buch eine sehr schöne Stelle gefunden, Sogyal Rinpoche zitiert Buddhas Worte: *„Einzig und allein durch Hingabe kann man die absolute Wahrheit erkennen.“,* und weiter führt er aus, Hingabe habe nichts mit kritikloser Anbetung oder dem Aufgeben der Eigenverantwortung zu tun, sondern vielmehr: *„Wahre Hingabe ist eine stetige Empfänglichkeit für die Wahrheit. Wahre Hingabe hat ihre Wurzeln in einer ehrfurchtsvollen Dankbarkeit, die zugleich klar, geerdet und intelligent ist.“* [8]

MEISTER KONFUZIUS: ***Wer für die Wahrheit nicht bereit ist, der ist fehl am spirituellen Pfad. Erst wenn sich ein Mensch für die Wahrheit öffnet, kann Entwicklung und können Heilungen geschehen.***

Die Empfänglichkeit für die Wahrheit wird nach und nach erreicht. Zunächst müssen die Leben in Unkenntnis des Lichts gelebt sein und ein Mensch muss seine innere Gefangenschaft erkennen und abstreifen wollen. Dies ist ein Prozess von vielen Inkarnationen.

Heute stehen viele Menschen davor, ihre Höhle, ihr Gefängnis verlassen zu wollen, da sie ahnen, dass dies nicht alles sein kann. Langsam schimmert das Licht durch die Ignoranz hindurch und es offenbart sich die Wahrheit.

Entscheidend ist jetzt, ob ein Mensch wirklich bereit ist, die dunkle, aber durchaus bequeme Höhle des Unwissens zu verlassen und sich den inneren wie äußeren Stürmen auszusetzen. Ein Gefängnis ist zwar nicht angenehm, es vermittelt aber Sicherheit – und diese „Sicherheit" gilt es aufzugeben und zunächst in ein unsicheres Leben einzutauschen. Denn es braucht Zeit, bis ein Mensch die innere Führung Gottes wahrnehmen kann und auf dem spirituellen Pfad Vertrauen fasst.

Ob sich ein Mensch erhebt und die Ketten ablegt, ist allein seine Entscheidung und erst dann kommt alles in Bewegung.

WER AUFWACHT, HAT NOCH NICHTS GETAN!

Aufwachen oder Erwachen ist der Beginn von allem, und heißt, „sich zu bewegen".

Wer aufgewacht ist, hat noch nichts getan, sondern hat den ganzen Weg noch vor sich.

Es ist, wie wenn du nach einem Traum morgens im Bett aufwachst.

Du bist wach, du hast die Augen offen – jedoch – du liegst womöglich immer noch im Bett. Spirituelles Aufwachen – ein spirituelles Erweckungserlebnis – führt dich dazu, dass du plötzlich klar siehst und nicht mehr träumst. Die Arbeit, die danach auf dich wartet, muss aber erst getan und dein Alltag muss bewältigt werden. Wer im Bett liegen bleibt, ist zwar wach, aber lange noch nicht erleuchtet.

Erleuchtung ist das Geschenk am Ende des Pfades und mit der Erleuchtung beginnen ganz neue Wege. Die unterschiedlichen Grade von Erleuchtung enthüllen sich den Menschen, die die dichte Ebene dieser Erde gemeistert haben, die auf dieser Ebene Buddhas geworden sind.

Vom Aufwachen bis zur Erleuchtung ist es ein langer Weg und diesen Weg beschreiten jetzt immer mehr Menschen.

AUFWACHEN IST KEINE ERLEUCHTUNG!

JJK: Das ist sehr interessant, denn der Begriff „Aufwachen" wird ganz bestimmt von vielen Menschen mit „Erleuchtung" verbunden, vielleicht nicht gleichgesetzt, so aber doch in Zusammenhang gebracht.

MEISTER KONFUZIUS:

- Wer der Wahrheit begegnen will, der wird diesen Unterschied schnell erfassen.
- Wer der Wahrheit begegnen will, der kann Täuschungen, Lügen oder Illusionen nicht länger ertragen.
- Wer der Wahrheit begegnen will, der unternimmt alles Menschenmögliche, um all seine inneren und äußeren Angelegenheiten ans Licht zu bringen.
- Wer der Wahrheit begegnen will, der fürchtet Gott nicht, sondern der sehnt sich nach Gott.
- Wer der Wahrheit begegnen will, dem ist kein Weg zu schwer und keine Anstrengung zu groß.

Wer die Wahrheit liebt, liebt Gott.

Mit einem Herzen voller Demut, mit einer Seele voller Hingabe und mit deiner Sehnsucht nach Wahrheit erreichst du IHN.

Ich stehe an eurer Seite in dieser Zeit der Zeiten und ich begleite all die Menschen, die aufwachen und bereit sind, das ihnen wohlvertraute Lager zu verlassen.

Ich bin MEISTER KONFUZIUS

Bewusst oder unbewusst wird
ein jeder Mensch vom Schiff
des Lebens an die Küste seiner
Sehnsüchte herangeführt.

MEISTER LAOTSE

DIE KÜSTE DEINER SEHNSUCHT

GESPRÄCH MIT
MEISTER LAOTSE

WENN LICHTBOTEN DIE SEITEN WECHSELN
WORUM GEHT ES BEI DER TRANSFORMATION?
HANDELN DURCH NICHTHANDELN

18. JANUAR 2019

WENN LICHTBOTEN DIE SEITE WECHSELN

JJK: Was mich beschäftigt, ist die Frage, warum so viele hoch veranlagte Licht-Botschafter, Heiler und solche, die energetisch schon lange „erfolgreich" arbeiten, jetzt von eigenen Themen eingeholt werden. Manche negieren das – andere erleiden große Rückschläge. Ich selbst habe es in meinem nächsten Umfeld wiederholt erlebt, wie sich hoch veranlagte Menschen plötzlich der Finsternis zuwenden. Warum?

MEISTER LAOTSE: Weise ist, wer seine Dämonen nach und nach bändigt. Weise ist, wer als stiller Betrachter seiner Vorstellungen, Verwundungen und Meinungen agiert. Weise ist, wer seine Heilungen nicht aufschiebt und dennoch gelassen bleibt in seinem Tun.

Geliebter Mensch, sei weise!

Heute wird jeder Mensch zum Brunnen des Lebens geführt.

Die Quelle unterscheidet nicht zwischen hoch veranlagten Menschen und solchen, die mit wenig Potenzial ausgestattet sind.

Die Quelle bietet in dieser Zeit jedem Menschen die Gelegenheit, bisher Unerkanntes zu erkennen.

Vor allem Menschen mit großen Aufträgen werden jetzt genau betrachtet und sie sind eingeladen, sich selbst genau zu betrachten. Wer ein Meister sein oder werden möchte, für den geht es immer um das Ganze und dieser Mensch muss bereit sein, sich ganz dafür zu geben.

JJK: *„Was du zusammendrücken willst, sollst du erst richtig sich ausdehnen lassen!"*, habe ich heute gelesen, eine Aussage, die MEISTER LAOTSE zugeschrieben wird.

MEISTER LAOTSE: Diese „Ausdehnung" beschreibt, worum es dabei geht. Viele einzelne Lichtwesen haben in den vergangenen Jahren ihre eigene Transformationsarbeit vernachlässigt.

Während sie mit großer Kraft und oft mit viel Erfolg ihren „heilenden" Tätigkeiten und Aufträgen nachgingen, verkümmerte die Selbstbetrachtung. Eine lange Pause der Selbstheilung war somit die Folge. Jetzt werden diese Menschen daran erinnert und von ihren eigenen Themen eingeholt. Das kosmische Licht der Quelle beginnt, alle Schatten aufzulösen - es sei denn, ein Mensch hält gezielt Abstand davon.

JJK: Warum wehren sich so viele dieser Menschen gegen die eigene Transformation oder warum wechseln manche sogar in das andere Lager?

MEISTER LAOTSE: Muskeln, die nicht bewegt werden, verkümmern. Im schlechtesten Fall führt dies zur körperlichen Unbeweglichkeit. Ist es erst so weit, so ist ein sich Aufraffen sehr schwer. Gleiches gilt für spirituelle Übungen. Wer eine lange Zeit nichts oder nur sehr wenig macht, verliert die Übung und läuft Gefahr, in eine Scheinwelt und Scheinwahrnehmung abzugleiten.

Jetzt werden viele dieser Menschen mit ihrer Transformationsverweigerung konfrontiert und dies führt zu ganz unterschiedlichen Reaktionen.

Die Haltung von wahrer Demut und Selbstbesinnung ist darauf die geeignetste Antwort, eine Antwort, die jedoch nur die Wenigsten geben wollen.

WORUM GEHT ES BEI DER TRANSFORMATION?

JJK: Worum geht es eigentlich bei dieser Transformation? Wie kann der Mensch sich seinen Ängsten nähern, wenn er Angst hat?

MEISTER LAOTSE: Durch die stille und urteilsfreie Betrachtung seiner Ängste.

JJK: Aber was ist mit Menschen, deren Ängste so groß und gut versteckt sind, sodass sie grundsätzlich alles, was mit Ängsten in Verbindung steht, leugnen und zu dieser Betrachtung gar nicht fähig sind? Ich kenne genug Menschen, die stereotyp behaupten, sie hätten keine Ängste mehr?! Dabei sind diese so tief verborgen, dass dem Menschen jeder Zugriff oder die Wahrnehmung dafür fehlt.

MEISTER LAOTSE: Es ist der Weg, der sie ans Ziel bringt und nicht ihr aktives Tun oder Erkennen. Erst wenn alles „zusammengedrückt" ist, kann die Ausdehnung beginnen – oder umgekehrt.

Die Lebenserfahrungen, die ein Mensch für sich gewählt hat, müssen gelebt werden, ehe sich eine Rückbesinnung einstellen kann. Für die hoch veranlagten Lichtwesen, die jetzt – anstatt direkt in das Licht zurückzukehren – einen anderen Weg gehen, heißt das, dass sie genau das so entschieden haben.

Bewusst oder unbewusst wird ein jeder Mensch vom Schiff des Lebens an die Küste seiner Sehnsüchte herangeführt.

Die Meister unter euch treten jetzt zur Meisterprüfung an. Dabei muss sich das Ego ganz verflüchtigen. Diese Herausforderung wird gerne zurückgewiesen und es bleiben entscheidende Themen unerkannt. Damit das Ego weicht, gilt es Überzeugungsarbeit zu leisten.

Es ist unbequem, die Bequemlichkeit des Erreichten aufzugeben. „Erfolge" erzeugen bei unreifen Seelen Trägheit, während reife Seelen durch den Erfolg über sich selbst hinauswachsen. Wachstum ist immer ein Prozess von vielen Dekaden und die Reifung einer Seele ist ein Prozess von Äonen.

HANDELN DURCH NICHTHANDELN

JJK: Ich habe auch folgenden Satz gelesen: *„Handeln durch Nichthandeln."* Was heißt das?

MEISTER LAOTSE: Seiner eigenen Entwicklung durch unnütze Aktivitäten nicht im Wege zu stehen – das Gras wächst von alleine und die offenen Themen zeigen sich dir von selbst. Wichtig dabei ist, dann zu handeln, wenn ein verwundeter Teil deiner Seele der Heilung bedarf, dann, wenn der Moment dafür gekommen ist, aktiv zu werden und ihn nicht zu übergehen.

Warten auf das, was sich zeigt, heißt nicht, untätig zu sein, sondern ganz im Gegenteil. Dies erfordert höchste Aufmerksamkeit von dir. Die reine Beobachtung heißt, sich der Verwundungen, die geheilt werden sollen, liebevoll anzunehmen, urteilsfrei auf das hinzublicken, was in dir existiert, und zärtlich mit dir selbst umzugehen.

Es ist eine wunderschöne Erfahrung, die eigene Transformation nicht als „Arbeit“, sondern als liebevolle Begegnung mit dir selbst zu erleben.

Ängste vor den eigenen Dämonen können zu Beginn auftreten. Allmählich aber verwandeln sich diese in eine tiefe Sehnsucht nach Heilung. Ab einem bestimmten Punkt ist diese Sehnsucht größer als jede Angst.

JJK: Es ist die erste Botschaft, die ich von MEISTER LAOTSE erhalte. Spielt das eine Rolle, von wem ich eine lichtvolle Botschaft erhalte oder ist das im Grunde von geringerer Bedeutung, da ohnedies alle Botschaften lichtvoll sind?

MEISTER LAOTSE: Von Bedeutung ist die Energie, in der die Botschaft für ein gewisses Thema durch dich hindurchfließt. Dabei fließt immer die Energie des Überbringers mit ein. Was die Menschen dann berührt, sind weniger die Worte, sondern es ist die Energie zwischen den Worten – manchmal fühlen sie sich liebevoll geborgen, ein anderes Mal streng ermahnt und dann wieder durch die Energie von Klarheit orientiert.

Bei allem geht es darum, die Herzen der Menschen für das bestimmte Thema zu erreichen und für das Licht der Quelle zu öffnen.

Damit verabschiede ich mich für heute.

Lasst die Arbeit, die gemacht werden soll, nicht ungetan und steht der eigenen Veränderung durch unnütze Aktivitäten nicht im Wege.

MEISTER LAOTSE

Ich bewohne die finsteren Bereiche deiner Seele, bis du mich beauftragst, sie mit Licht zu füllen und in Liebe einzutauchen.

GOTT

TODESÄNGSTE, EIGENVERANTWORTUNG UND FREIHEIT

GESPRÄCH MIT
GOTT

WER BIN ICH UND WOHIN GEHE ICH?
OPTIMALE BEDINGUNGEN
DIE IRRATIONALITÄT
KOMMEN KATASTROPHEN?
ÜBERNIMM DIE VOLLSTÄNDIGE
VERANTWORTUNG FÜR DEIN LEBEN!

03. FEBRUAR 2019

„Die Angst vor dem Tode ist eine der bedrängendsten Ideen unserer Kultur. Sie fußt in der Verweltlichung unseres Bewusstseins, das nur im körperlichen Dasein allein Leben und Sicherheit des Seins vermutet, die es nie verlieren möchte. Todesangst ist daher der Beweis von einem wurzellosen Geist, für ein Geistwesen, das sich von der Quelle seines Seins, dem Höheren Selbst, weit entfernt hat." [9]

JJK: Mit diesen Satz leitet Dieter Broers ein Kapitel seines hier bereits erwähnten Buches „Die Metamorphose der Menschheit" ein. Todesangst nimmt also mit der Entfernung zur Quelle allen Seins zu, das heißt, da Todesängste weitverbreitet sind, besitzen die meisten Menschen keine Anbindung an Gott. Ist das richtig?

GOTT: Ich segne dich, der du in diesen Worten Wissen und zwischen den Worten meine Liebe suchst. Ich bin bei dir.

Todesangst ist die Mutter aller Ängste. Wer diese Furcht aus seinem Bewusstsein entfernt hat, hat alle anderen Ängste besiegt.

WER BIN ICH UND WOHIN GEHE ICH?

In dieser Welt war die Todesangst ein ständiger Begleiter des Menschen. Das ändert sich jetzt. Das Aufwachen der Menschen bringt mit sich, dass der Tod einer ganz neuen Betrachtung unterzogen wird. Dies führt dazu, dass alle Kirchen oder Religionen, die von dieser Angst gut lebten, in ernsthafte Schwierigkeiten geraten. Sie verlieren ihre Zuständigkeit, ihre Kompetenz in dieser wichtigen Frage und werden für die Menschen wertlos.

Der Bewusstseinswandel, der derzeit im Gange ist, wirft bei den einzelnen Menschen völlig neue Fragen auf.

„Wer bin ich und wohin gehe ich?", ist nicht länger eine Frage für Philosophen, sondern diese Frage erreicht jetzt das Alltagsbewusstsein von immer mehr Menschen.

Damit geht eine „Spiritualisierung" des Menschen einher.

Vermehrt begreifen sich die Menschen als spirituelle Wesen, die eine menschliche Erfahrung machen. Dafür brauchte es diese Dichte der Körper. Doch jetzt öffnet das Licht das Bewusstsein der Menschen für eine größere Wahrnehmung. Die Reduzierung des Lebens auf Geburt und Tod – und dazwischen findet das, was ihr bisher euer Leben nanntet, statt – ist für immer mehr Menschen unakzeptabel.

Dieser Faktor setzt vieles, was bisher unvorstellbar war, in Bewegung.

JJK: Ich denke mir, wenn ich keine Angst vor dem Tod habe und gut in meinem Selbst verwurzelt und an die Quelle allen Seins angebunden bin, dann wirken die vielen Angstmechanismen dieser Matrix nicht mehr. Wenn ich weiß, dass Gott für mich sorgt, dann sorge ich mich nicht mehr so stark um weltliche Dinge – Verluste sind viel leichter zu ertragen und auch Gewinne verwirren einem nicht den Kopf. Das „Angebundensein" ist es, worauf es ankommt, dann verlieren die Macht- und Angstmechanismen ihre Wirkung.

OPTIMALE BEDINGUNGEN

GOTT: Bisher erlebte der Mensch sein Leben in einem sehr eng gesteckten Radius. Das menschliche Bewusstsein war auf diese Erde kalibriert. Es galt spezifische Erfahrungen zu machen und dazu gehörte auch die Erfahrung der Angst, des Mangels und der Lieblosigkeit. Als diese Erde am weitesten vom Zentrum dieses Universums entfernt war, war die Dunkelheit am größten und kaum ein Licht drang zu euch durch. In dieser Abgeschiedenheit vom Göttlichen, in dieser Illusion gefangen, konntet ihr diese extremen Erfahrungen machen. Es waren die optimalen Bedingungen für lichtvolle Engel, die sich in der Finsternis erfahren wollten. Seitdem die Erde dem solaren Zentrum dieses Universums näherkommt, wird diese Quarantäne aufgehoben.

Lichtpartikel aus der Zentralen Sonne dringen bis in eure Herzen durch und ihr könnt erwachen. Damit verbunden sind alle Veränderungen, die ihr derzeit erlebt und die ihr in Zukunft erleben werdet.

JJK: Der Tod verliert seinen Stachel?

GOTT: Und das Leben, das für viele Menschen bisher ein einziger Existenzkampf war.

JJK: Ich frage mich sehr oft, wie lange es noch braucht, bis mehr Gerechtigkeit auf dieser Welt herrscht - und dann frage ich mich, wäre es vielleicht nicht auch sinnvoll, mal auf die Straße zu gehen und laut aufzuschreien. Immer im Verborgenen zu arbeiten - ist das der Weg?

GOTT: Jeder Mensch findet seine Aufgaben und wird von mir dahin geführt. Was für den Einen ein Muss ist, ist für den Anderen eine Unmöglichkeit.

DIE IRRATIONALITÄT

„Gerechtigkeit" wird herrschen, sobald die einzelnen Menschen ihre Ängste verlieren. Bedenkt bitte wie viele Menschen in existenzieller Not leben und wie wenige Menschen es sind, die dafür verantwortlich sind.

Es sind gerade eine Handvoll von dunklen Macht-Eliten, die für all das Unrecht sorgen – und die ganze Menschheit ist nicht imstande, dagegen aufzustehen? Erkennst du diese Irrationalität?

JJK: Ja, die Menschen, denen es noch besser geht, haben Angst, den bescheidenen Wohlstand zu verlieren, und schweigen – und die, die nichts mehr zu verlieren haben, stehen oft auf, aber diese Revolten werden entweder im Keim erstickt oder enden in einem Blutbad. Die Macht liegt bei den Wenigen und nicht bei den Vielen.

GOTT: Und das ist der Irrtum. Die tatsächliche Macht liegt bei jedem einzelnen Menschen – und das ist die Antwort auf deine Frage, wie lange es noch braucht, bis wir mehr Entwicklung sehen.

Die Menschheit wird sich so lange von den dunklen Magiern dieser Matrix blenden lassen, bis eine bestimmte Anzahl von Menschen aufwacht und folglich in einem Sog die ganze Menschheit zum Aufwachen bewegt.

Bis es so weit ist, werden viele Menschen diese Erde verlassen. Für alle, die die immer höher werdenden Schwingungen aus dem Sein weder integrieren wollen noch können, wird diese Erde bald unerträglich.

Wenn ihr vom Zeitpunkt sprecht, vom Moment, der alles ändert, dann bezieht immer mit ein, dass dies nicht die ganze jetzige Menschheit betrifft.

KOMMEN KATASTROPHEN?

JJK: Das heißt, es wird viele Umbrüche - auch Katastrophen - geben?

GOTT: Der Übergang in die neue Dimension des Seins ist für einen erwachten Menschen ein äußerst harmonischer und friedvoller Vorgang.

Der Übergang in eine Dimension der Unbewusstheit ist für einen unbewussten Menschen immer von Schmerzerfahrungen begleitet - Schmerzen, die in dem Moment enden, in dem eine Wesenheit für die Heilung bereit ist. In diesem Sinne fügt sich ein jedes Wesen selbst das zu, was es erfahren möchte.

ÜBERNIMM DIE VOLLSTÄNDIGE VERANTWORTUNG FÜR DEIN LEBEN!

Niemand, außer dir selbst, ist dafür verantwortlich, was mit dir auf dieser Erde oder in der Unendlichkeit des Seins geschieht.

Deshalb ist es von größter Bedeutung, dass ihr von nun an die vollkommene Verantwortung für euer Leben übernehmt. Das verlangt Mut und das heißt, mutig zu sein.

Alles, was sich im Guten oder im Schlechten in eurem Leben zuträgt, liegt in deiner eigenen Verantwortung.

Bist du für so viel Verantwortung bereit? Willst du vollkommen verantwortlich sein für dein Leben? Es ist leicht, den dunklen Magiern dieser Matrix für deine Probleme die Schuld zu geben. Wie wäre es, wenn du dich selbst dafür verantwortlich machst?

Denn erst aus dieser Haltung heraus wird in dir die Kraft zur Veränderung geboren und dir wird jede Kraft, um äußerlich oder innerlich etwas zu bewegen, verliehen.

Dann löst sich deine Ohnmacht auf und es kann dir nicht länger suggeriert werden, äußere Phänomene wären für deine innere Unzufriedenheit verantwortlich.

Nein, es liegt an dir „all-eine", was in deinem Leben und in deinem Sterben geschieht.

Hast du Ängste – befreie dich davon.
Erlebst du einen Mangel – ändere dies.
Wünschst du dir mehr Liebe zwischen den Menschen – werde selbst liebevoll.

Es bist immer du, um den es geht und nicht um eine Welt, die dir böse gesinnt ist.

Zu erwachen, heißt, diese Dimension deiner Verantwortung zu erkennen. Das ist wahre Selbstermächtigung und dies führt dich geradewegs in die Freiheit.

Es braucht keine Revolution auf den Straßen der Welt, sondern eine Evolution in den Herzen der Menschen! Sobald ihr eure inneren Abhängigkeiten zu diesem System nicht nur erkennt, sondern auflöst, gewinnt ihr eure Macht zurück.

Angst ist das Resultat von Ohnmacht, ein wirklich freier und selbst-ermächtigter Mensch kennt keine Angst.

Begreife bitte die Tragweite eines eigenverantwortlichen Lebens. Alles wird aufgrund dieses Bewusstseins möglich. Dein Warten hat dann ein Ende und du bist frei.

Ich bin GOTT

Ich bewohne die finsteren Bereiche deiner Seele, bis du mich beauftragst, sie mit Licht zu füllen und in Liebe einzutauchen.

Was ein Mensch sehen oder nicht sehen möchte, bestimmt immer er selbst – und so kann selbst ein Buddha einen unbeweglichen Menschen nicht bewegen.

SAI BABA

WAS MACHST DU, WENN DEIN SPIEGELBILD ERSCHEINT?

GESPRÄCH MIT

SAI BABA

WER HAT DIR DEN WEG GEZEIGT?
WARUM LEIDEN MENSCHEN?
DER MENSCH GLAUBT, WAS ER GLAUBEN MÖCHTE
DEN KINDERN GEHÖRT DIE ZUKUNFT! WIRKLICH?

16. FEBRUAR 2019

WER HAT DIR DEN WEG GEZEIGT?

OSHO: *„Shibli wurde gefragt: „Wer hat dir den Weg gezeigt?" Shibli antwortete: „Ein Hund. Ich sah ihn, wie er eines Tages am Rande des Wassers stand – halb tot vor Durst. Jedes Mal, wenn er trinken wollte, schreckte er vor seinem eigenen Spiegelbild im Wasser zurück, weil er glaubte, einen anderen Hund vor sich zu haben. Schließlich wurde seine Not so groß, dass er alle Furcht beiseite warf und ins Wasser sprang... woraufhin sich das Spiegelbild auflöste. Der Hund fand, dass das einzige Hindernis zwischen ihm und dem, was er suchte, sich aufgelöst hatte – nämlich er selbst.*
Genauso verschwand auch das, was mich gehindert hatte, als ich begriff, dass es allein das war, was ich für mein eigenes Ich gehalten hatte. So wurde mir mein Weg offenbart – durch das Verhalten eines Hundes.[10]

JJK: Diese wunderschöne Parabel wirft für mich die Frage auf: Muss ein Mensch immer in Not geraten, ehe sich ihm der Weg offenbart?

SAI BABA: Geliebte Menschen, die Not ist oft der beste Helfer, doch auch ohne Not kann ein Mensch Erkenntnis erlangen.

JJK: Warum aber gibt es verhältnismäßig wenig Menschen, die ohne Not aufwachen?

Warum weichen so viele, wie der Hund in der Geschichte, vor ihrem eigenen Spiegelbild zurück? Ich kenne einige Menschen, die glauben, ihre Themen längst erlöst zu haben, und dabei haben sie damit noch nicht einmal begonnen. Was ist es, was so viele Menschen immer so lange zum Brunnen gehen lässt, bis der Krug bricht?

SAI BABA: Eine reife Seele wird es niemals bis zum Äußersten kommen lassen und sich in „guten Zeiten" mit ihrem Spiegelbild konfrontieren. Dies bringt die Vorteile mit sich, dass einerseits genug Zeit vorhanden ist, um den Dingen ohne Druck auf den Grund zu gehen, und dass andererseits genug Kraft vorhanden ist, um bestimmte Prozesse, die sehr fordernd sein können, durchzustehen. Eine reife Seele ist weise und versteht es, die Zeit zu nutzen.

Sie weiß, dass alles auf Erden eine bestimmte Zeit hat und eine bestimmte Zeit braucht, und so wird keine Zeit verschwendet. Die Fenster der Gelegenheiten werden erkannt. Eine reife Seele greift gerne auf diese Möglichkeiten zu.

Wessen Maß an Leid voll ist, dessen Bewusstsein sehnt sich nach nichts anderem als nach Heilungsprozessen, die ohne Dramen auskommen und die friedlich verlaufen.

WARUM LEIDEN MENSCHEN?

JJK: Jetzt sagen aber sehr viele Menschen, dass sie nicht mehr leiden wollen! Eigentlich sagen das alle, die ich kenne. Warum leiden sie dennoch?

SAI BABA: Da dies meist nur Lippenbekenntnisse sind. Leiden oder Schmerzerfahrungen haben bei einer jüngeren Menschenseele immer zwei Hauptursachen:

1. den Wunsch, sich im Leid zu erfahren und dadurch zu wachsen,
2. den Wunsch, karmische Verstrickungen einzugehen und zu lösen.

Eine jüngere Menschenseele möchte am Spiel auf dieser Ebene des Seins teilnehmen und sich dabei lebendig fühlen. Die Erkenntnis, „der Weg" sind hier zweitrangig. Deshalb gilt die eine heilige Regel:

Niemand kann einen Menschen von dem, was ihn innerlich antreibt, abhalten – auch dann nicht, wenn es ganz offensichtlich ein Weg in die Not ist.

JJK: Und wenn ältere Seelen das Leid wählen?

SAI BABA: Auch bei älteren Menschenseelen gibt es zwei Hauptursachen für leid- oder schmerzvolle Erfahrungen:

1. das Auflösen von karmischen Verflechtungen,
2. das Übernehmen von Leidkontingenten anderer Menschen oder Menschengruppen. Dies trifft vor allem auf weit entwickelte Seelen zu.

JJK: Ich vermute an dieser Stelle, dass manche Menschen, die es nicht betrifft, jetzt diesen zweiten Punkt als Erklärung für ihre Leiden heranziehen werden. Wie kann ein Mensch erkennen, zu welcher Gruppe er gehört – ob er eine jüngere oder ältere Seele ist?

SAI BABA: An dem – was er bereit ist, für seine eigene Transformation zu investieren – erkennst du jeden und erkennt ein jeder sich selbst. Wer darauf wartet, durstig wie der Hund zu werden, der hat den tieferen Sinn eines Menschenlebens noch nicht erfasst. Ausnahmen sind Menschen, die durch eine einmalige Leiderfahrung ein „Erweckungserlebnis" kreieren und spontan, ohne dass es für das gewöhnliche Auge absehbar war, erwachen.

DER MENSCH GLAUBT, WAS ER GLAUBEN MÖCHTE

JJK: Jetzt stellt sich für mich noch die Frage – was ist Transformation? Was heißt es, vor seinem ICH davonzulaufen?

Viele Menschen sind ja felsenfest davon überzeugt, dass sie Transformationsarbeit leisten, in Wahrheit aber nicht mehr betreiben als Schattenboxen.

SAI BABA: Jeder Mensch glaubt, was er glauben möchte. Deshalb ist es unmöglich und auch unsinnig, jemanden von etwas anderem überzeugen zu wollen.

Was ein Mensch sehen oder nicht sehen möchte, bestimmt immer er selbst – und so kann selbst ein Buddha einen unbeweglichen Menschen nicht bewegen.

„An den Früchten werdet ihr sie erkennen", heißt es in den Schriften – und so erkennt ein jeder Mensch sich selbst und sein Leben an seinen Früchten und es erkennen die EINEN die ANDEREN an deren Früchten.

JJK: Warum haben die Menschen eine, ich möchte fast schon sagen, „Urangst" davor, das ICH – das ich in dieser Parabel mit dem Ego gleichsetzte – aufzulösen?

SAI BABA: Das Ego bietet die Identifikation für diese Ebene des Seins. Das Ego ist die Plattform, von der aus eine 3D-Wahrnehmung möglich wird. Wer diese Welt erfahren möchte, wird alles unternehmen, damit sich das Ego nicht auflöst. Erst wenn ein Mensch gereift ist und vom Spiel des Lebens auf 3D gesättigt ist, beginnt sich alles zu verändern.

Das menschliche ICH ist der Motor für ein Leben auf der dritten Dimension des Seins. Je größer dieses ICH ist, desto tief greifendere Erfahrungen sind einem solchen Menschen möglich. Ego befreites Dienen ist kein Wunsch für solch einen Menschen.

DEN KINDERN GEHÖRT DIE ZUKUNFT! WIRKLICH?

JJK: „Den Kinder gehört die Zukunft", wird oft gesagt. Das stimmt natürlich, es geht ja gar nicht anders, da die Kinder uns nachfolgen. Aber von welcher Zukunft reden wir da, wenn ich daran denke, wie die Kinder heute von ihrem Selbst, von ihrem Spiegelbild ferngehalten werden. Sie bedienen sich der Technologie, sind Asse am Handy und bekommen die Umgebung gar nicht mehr mit.

Anstatt ihre telepathischen Fähigkeiten auszubilden, behelfen sie sich mit SMS, anstatt dass sie ihr inneres Licht, ihre multidimensionalen Fähigkeiten zum Leuchten bringen, werden sie von den „Errungenschaften" dieser Matrix (TV, Computerspiele, Medien, Handy, Fertiggerichte, Softdrinks, auf niedrige Instinkte ausgerichtete Musik, altes, auf Konkurrenz basiertes Schulsystem, brutale Wirtschaftswelt, etc.) absorbiert. Welche Zukunft blüht uns da wirklich?

SAI BABA: Die Zukunft, die ihr jetzt erschafft – und in diesem Prozess findet sich alles! Diese Zeit ist der Spiegel einer Menschheit, die vielschichtiger nicht sein könnte. Während viele aufwachen, schlafen noch mehr weiter. Während viele Kinder in ihre Kraft kommen, werden noch mehr Kinder verwirrt und absorbiert. Worum es geht, ist, dass eine bestimmte Anzahl von Menschen aufwacht. Es geht nicht darum, dass alle Lichtkinder ihre Aufträge erfüllen. Das ist unmöglich. Möglich ist, dass eine ausreichende Anzahl von Kindern und Erwachsenen „erwachen", dann nimmt alles seinen vorgezeichneten Weg.

Ich sage euch: So kommt es und so ist es, denn ***der Zug in das Licht ist nicht mehr aufzuhalten, wenngleich bestimmte Verzögerungen immer möglich und auch wahrscheinlich sind.***

JJK: Ich merke, dass unser Gespräch ausklingt… Wie kann ein jeder einzelne Mensch Seelenfrieden finden, gleich, wo er in seiner Entwicklung steht?

SAI BABA: Diese Frage ist ein Widerspruch. Denn nicht ein jeder Mensch sehnt sich nach Seelenfrieden. Was existiert, ist, dass ein jeder Mensch seinen Seelenplan erfüllen kann, wenn er bereit ist, SEIN Leben zu leben. Diese Bereitschaft verlangt immer ein gewisses Maß an Wahrhaftigkeit.

Wer SEIN Leben lebt, wird ständig aufgefordert, auf sein Spiegelbild zu blicken. Auf diese Weise sind alle Menschen auf dem Weg, auch wenn die Wege grundverschieden sind.

Das Leben eines Menschen ist das Geschenk Gottes. Kein Leben ist weniger wert als ein anderes. Die Unterschiede ergeben sich allein dadurch, dass manche Menschen am Ende ihrer irdischen Wanderschaft stehen und andere am Beginn.

Dass sich viele, die erst am Beginn stehen, am Ende wähnen, ist ein Phänomen, das in einem Wort erklärt ist: Selbstbetrug!

Ein notwendiger Selbstbetrug, damit das eigene Spiegelbild nicht betrachtet werden muss und damit bestimmte neue Erfahrungen gemacht werden können.

Gott ist alles, Gott ist allgegenwärtig und Gott ist zeitlos.

Doch solange du im Konzept der Zeit existierst, nutzt du jeden Moment, um dich an diesem Spiel zu erfreuen – oder aber du unternimmst alles, um aus diesem Spiel auszusteigen.

Geliebter Mensch,

an dieser Stelle kannst du dir die Frage, wo du wirklich stehst, selbst beantworten, denn:

Was machst du, wenn dein Spiegelbild vor dir erscheint?

Ich bin SAI BABA
Ich bin bei dir in jeder Zeit.

Auf dem Fundament der Liebe
werden Mauern der Wahrheit und
ein Dach aus Weisheit errichtet.
Eure himmlischen Wohnungen
werden von euch auf der Erde
erbaut – denn Himmel und Erde
sind eins!

JESUS CHRISTUS

ABSORBIERT WERDEN UND EXPONENTIELLES ERWACHEN

GESPRÄCH MIT
JESUS CHRISTUS

ABSORBIERT WERDEN VON GOTT
BEDINGUNGEN FÜR EINEN LICHTVOLLEN AUSSERIRDISCHEN EINGRIFF
EXPONENTIELLES ERWACHEN DER MENSCHHEIT
UMBAU IN 21 TAGEN ODER IN WENIGEN STUNDEN?

17. FEBRUAR 2019

ABSORBIERT WERDEN VON GOTT

„Intellektuell zu sein, über viel Wissen zu verfügen, stellt ein Hindernis auf dem Weg dar. Leuten, die es nicht sind, fällt es leichter. Die mit dem Wissen kennen all die Regeln und was in den Sufi-Schriften geschrieben steht. Aber sie sind nicht fähig, sich zu verlieren. Sie mögen um vier Uhr morgens aufstehen, zum Ganges gehen und ihre Übungen, ihr Abhyasa tun (der Sanskritbegriff Abhyasa bedeutet Übung, Praxis, er bildet neben Vairagya einen der beiden Stützpfeiler des Yoga; Anm. JJK). *Sie verstehen jedoch nicht, dass dies nur äußerliche Dinge sind … völlig unwesentlich …*

Wenn ich zum Beispiel Vegetarier bin und dieser Mann dort nicht (er zeigte auf einen Mann, der mit uns saß), warum sollte ich dann sagen: „Werde Vegetarier, tu dieses oder jenes", und dabei seine Gefühle verletzen? Es wird der Zeitpunkt kommen, wenn er von selbst weiß, was erforderlich ist. Warum soll ich mich damit befassen? Intellektuelle zerteilen sich in so viele Äußerlichkeiten. Dabei ist es das einzig Wesentliche, fähig zu sein, sich zu verlieren. Irgendwo aufzugehen, absorbiert zu werden …" Sufi-Meister Bhai Sahib [11]

Absorbiert zu werden von Gott – darum geht es in dieser Botschaft!

Ich bin JESUS CHRISTUS – ich bin dem Menschen der Freund und der Menschheit das Licht.

Bei allen spirituellen Bemühungen geht es allein darum, dass ihr eintaucht in Gott, dass ihr eintaucht in eure Seele, dass ihr eintaucht in das Christusbewusstsein.

JJK: Wie ist das möglich? Soll man alle „Intelligenz" beiseitelassen, alle Fragen vergessen und sich einfach hingeben?

JESUS CHRISTUS: Am Ende des Weges, dann, wenn der Mensch erkannt hat, dass er mit dem Intellekt das Wesen der Dinge nicht erfassen kann, geschieht die Hingabe von selbst. Es ist gar nicht mehr anders möglich.

An einem bestimmten Punkt wird der Mensch innerlich still und an dieser Stelle beginnt er Gott in seinem Inneren wahrzunehmen. Der Lärm, den die Gedanken, den der Verstand und der Intellekt erzeugen, kann das Bedürfnis nach wahrer Erkenntnis nicht mehr überlagern und die ganze Aufmerksamkeit eines Menschen beginnt sich nach innen zu verlagern. Dann ist der Highway zu wahrer Erkenntnis betreten.

JJK: Das heißt, wenn jemand kein Bedürfnis mehr hat, anderen Menschen Vorschriften zu machen, ihnen Ratschläge zu erteilen oder sie zu korrigieren und in eine bestimmte Richtung lenken zu wollen, dann ist diese Stufe erreicht?

JESUS CHRISTUS: Sobald der Prozess des Absorbierens beginnt, enden Beurteilungen und die ganze Energie eines Menschen wendet sich nach innen. Der Mensch, der bei sich selbst wahrnimmt, dass es ihm kein Bedürfnis mehr ist, andere Menschen zu berichtigen oder zu bekehren, der steht unmittelbar vor diesem Moment des Absorbierens.

JJK: Was wird hier absorbiert?

JESUS CHRISTUS: Es ist zunächst die Seele, die ganz in der Glückseligkeit Gottes aufgeht, danach folgt das ganze Geistwesen, das in der Glückseligkeit Gottes aufgeht. Gott selbst bleibt, solange ein Mensch auf dieser dichten Erde weilt, ein Mysterium. Das Göttliche – das heißt, die Energie und die Liebe Gottes – kann aber erfahren werden, sobald sich ein Mensch ganz hingibt. Das wird möglich, sobald sich ein Mensch von Äußerlichkeiten ab- und dem Inneren zuwendet.

Tritt die Sättigung vom Verstand ein, dann erst wird der Hunger der Seele nach spiritueller Erkenntnis wahrgenommen.

BEDINGUNGEN FÜR EINEN LICHTVOLLEN AUSSERIRDISCHEN EINGRIFF

JJK: Ich stellte mir heute wiederholt die Frage, ob es einen Punkt gibt, an dem die außerirdischen Lichtkräfte auf Erden sichtbar eingreifen werden. Gibt es bestimmte Voraussetzungen, die dafür erfüllt werden müssen, oder aber ist dies ganz ausgeschlossen. Eine lichtvolle Intervention könnte bestimmt auch die Entwicklung einzelner Menschen hin zu einer spirituellen Wahrnehmung, im Sinne des bisher Besprochenen, fördern?

JESUS CHRISTUS: Die außer- und innerirdischen Lichtkräfte des Seins intervenieren seit geraumer Zeit. Dies bleibt für die meisten Menschen unbemerkt, denn nur in diesem Schutze sind jetzt bestimmte Eingriffe und Korrekturen möglich. Das offensichtliche Hervortreten von himmlischen Lichtwesen weltweit ist an zwei Bedingungen geknüpft:

1. das innere Verlangen, den tiefen Wunsch und aufrechten Ruf einer bestimmten Anzahl von Menschen,
2. die inneren Reife einer bestimmten Anzahl von Menschen.

Bisher greifen die Lichtkräfte des Seins dort ein, wo sich die Menschheit selbst zu zerstören droht.

Dort, wo die Grenzen des Erlaubten überschritten und missachtet werden, dort treten wir in Erscheinung. Darüber hinaus geht es darum, dass wir euch bei eurer eigenen Transformation unterstützen, sodass ihr den Wandel, den ihr euch wünscht, selbst bewirken könnt. Alles geht von euch aus und ein Warten auf himmlische Intervention ist eurer eigenen Entwicklung nicht zuträglich!

JJK: Wie viele Menschen müssen erwacht sein, heißt, ihren „Ruf an das Universum" absenden, damit die Lichtebenen des Seins offen hervortreten?

JESUS CHRISTUS: Von der Sehnsucht nach Gott ganz erfüllt zu sein und sich von der Quelle absorbieren zu lassen, können oder wollen heute nur wenige. Dennoch ist die Zeit, in der sich immer mehr Menschen ihrer spirituellen Wirklichkeit bewusst werden, gekommen. Mehr und mehr Menschen erreichen den Punkt, an dem sie bemerken, dass ihr Verstand und ihre ganze Klugheit für bestimmte Geschehnisse keine Antwort mehr finden.

Dieser Nullpunkt im Denken stellt sich jetzt bei immer mehr Menschen, die ihr Wissen bisher als gesichert betrachteten, ein. Sie beginnen sich für das Transzendente zu öffnen.

Ist der 6. Teil der Menschheit ganz auf Gott ausgerichtet, dann sind alle Voraussetzungen dafür gegeben.

EXPONENTIELLES ERWACHEN DER MENSCHEN

JJK: Das heißt, bei einer aktuellen Weltbevölkerung von 7,7 Milliarden wären es rund 1,3 Milliarden Menschen, die dafür benötigt würden! So viele müssten ihren Kompass ganz auf Gott kalibrieren und bereit sein, sich „absorbieren" zu lassen. Das scheint mir aus heutiger Sicht sehr unwahrscheinlich?

JESUS CHRISTUS: Aus heutiger Sicht stimmt deine Beobachtung!

Es ist jedoch wahr, dass das Erwachen ab einem bestimmen Moment nicht mehr linear, sondern exponentiell verläuft – und darauf zielen all eure Bestrebungen und die der Lichtwelten, eurer Geschwister aus dem Licht, ab.

Das kosmische Licht, das der Erde jetzt zufließt, sorgt dafür, dass dies geschehen kann.

Zunächst unmerklich, da sich auf Erden kaum etwas zu verändern scheint. Danach nehmen die ersten Menschen Veränderungen wahr – in dieser Phase sind wir jetzt. Dann nimmt diese Bewusstwerdung an Fahrt auf – und dies steht jetzt bevor. Deshalb wird das heute noch unmöglich Scheinende möglich und das Unvorstellbare eintreffen.

UMBAU IN 21 TAGEN ODER IN WENIGEN STUNDEN?

JJK: Ein lieber Freund hat mich heute auf einen „scheinbaren Widerspruch" in zwei Aussagen hingewiesen. Im Buch „Telos – Willkommen in Agartha" gibt uns ADAMA VON TELOS einen Einblick in den Aufstieg. Auf Seite 110 heißt es dort:

„Des Weiteren ist zu bestätigen, dass sich der Aufstieg und das Verlassen dieser Erde für die Aufsteigenden in einigen wenigen Stunden ereignen wird. Alle Vorbereitungen dazu sind heute abgeschlossen. Jede physische Vorbereitung auf diesen Wandel, das heißt, das Einlagern von Lebensmitteln, der Bau von vermeintlich sicheren unterirdischen Bunkern und Plätzen, um sich in Sicherheit zu wähnen, sind sinnlos, da nahezu die ganze Erdoberfläche wie Teile des Erdinneren von diesen Ereignissen in Bann gezogen werden. (...) Wer sein Leben auf diese Weise retten will, der wird es wahrlich verlieren."

„Der finale Umbau dauert 21 Tage", heißt es hingegen im Buch „Wandel der Herzen" Seite 58 ff.
MEISTER ST. GERMAIN sagt uns:
„Jeder, der mit Gott lebt und mit der Quelle verbunden ist, wird am Tag X zur rechen Zeit am richtigen Ort sein. (...) Dieser Wandel ereignet sich in einer unglaublichen

Geschwindigkeit. Deshalb ist eine langfristige Vorsorge von materiellen Gütern zwecklos – eine Vorsorge für einige Tage ist jedoch ratsam. Neben Lebensmitteln für einige Tage achtet vor allem darauf, dass ihr immer sauberes Wasser zur Verfügung habt. (...) Große Anstrengungen, um das körperliche Überleben zu sichern, sollen jedoch vermieden werden, da sich der Wandel auf eine bisher einmalige Weise ereignet und euch auch die Kräfte des Himmels in allen Belangen unterstützen werden."

Sollen wir nun für einige Tage Wasser und Lebensmittel bevorraten oder nicht? Oder anders gefragt, an wen richten sich diese zwei unterschiedlich scheinenden Botschaften?

JESUS CHRISTUS: Beides ist zutreffend! Während des Übergangs in die höhere Oktave des Lichts werden die Menschen die Zeit unterschiedlich wahrnehmen. Diese Wahrnehmung ist mit den Umstellungen im Raumzeitgefüge der Erde sowie mit dem Bewusstsein und den Aufträgen einzelner Menschen verbunden. Wer direkt in die Welten des Lichts, ob im inneren der Erde oder an andere Stellen im Universum zurückkehrt, für den dauert der „Aufstieg" einen kurzen Moment in der Zeit – er wird gewissermaßen aus der Zeit gehoben. Wer jedoch auf der oberen Erde bis zuletzt bestimmte Aufgaben zu erfüllen hat, der wird den Wandel „langsamer", das heißt, in einer Verzerrung der Zeit, erleben.

Der Umbau der Welt wird viele Raum-Zeit-Phänomene hervorbringen und so sind ein paar Stunden oder ein paar Tage „relativ“ zu verstehen.

JJK: Auch MAHAVATAR BABAJI sprach, als er von 1970–1984 hier auf Erden als Mensch unter uns weilte, davon: *„Als Rama sich inkarnierte, gab es zwischen ihm und Ravana Krieg, der 14 Tage dauerte. Zu Krishnas Zeiten war 18 Tage Krieg. In unserer Epoche wird die Zerstörung in Blitzesschnelle geschehen.*

Der Schlafende wird im Schlaf, der Stehende im Stehen sterben. Die ganze Welt wird so verändert werden. Diese Zerstörung wird alles verwandeln, nichts wird bleiben, wie es war. Ihr sollt deshalb eure Bindung an diese Welt lassen. Nur die Wiederholung des Namens Gottes wird euch nützen. Alles andere ist zwecklos. Gottes Name ist kraftvoller als tausend Atom- und Wasserstoffbomben.

Hilf dir durch die Wiederholung des Namens Gottes. Ihr alle wisst, dass Gottes Name das Allerhöchste ist. Warum hängt ihr eure Gedanken an die vergänglichen Dinge dieser Welt? Warum verbringt ihr eure Zeit nicht in Meditation und mit der Wiederholung des Namens Gottes? Bindet euch an Gott! Seid tapfer und geht immer weiter. Es werden viele Berge zu überwinden sein, doch haltet nicht ein, ehe das Ziel erreicht ist. Seid stark und fühlt euch nie entmutigt.“[12]

JESUS CHRISTUS: Wesentlich ist, ohne Furcht zu sein. Wer mit der Quelle allen Lebens verbunden ist, wird – mit oder ohne Vorsorge zu treffen – richtig sein.

Wer innerlich den Impuls hat, gewisse Maßnahmen zu ergreifen, da er fühlt, dass er womöglich nicht sofort aus der Zeit gehoben wird, der soll danach handeln, und an diese Menschen – es betrifft die Mehrheit – sind die Worte von MEISTER ST. GERMAIN adressiert.

Wer innerlich den Impuls hat, sich ganz dem Prozess hinzugeben, sich vom Wandel „absorbieren" zu lassen – es betrifft die Minderheit – der soll danach handeln. Beide Wege bringen den wahren Sucher nach Hause.

Betrachtet dieses Ereignis aus spiritueller und weniger aus intellektueller Sicht, dann kann es sich euch offenbaren.

Geliebte Menschheit,

es ist die Zeit der großen Umbrüche. Es ist die Zeit, in der sich die Zeit auflöst und der Raum weitet.
Es ist die Zeit, in der sich euer Bewusstsein diesen Anforderungen anpasst – oder aber, in der ihr euch von dieser Welt zurückziehen müsst.

Es ist die Zeit, die alles verändert und in der ihr alles erreichen könnt. Denn es ist die Zeit, in der sich euch Gott offenbart und in der eine neue Menschheit aufersteht.

Auf dem Fundament der Liebe werden Mauern der Wahrheit und ein Dach aus Weisheit errichtet. Eure himmlischen Wohnungen werden von euch auf der Erde erbaut – denn Himmel und Erde sind eins!

In Ewigkeit.

JESUS CHRISTUS

Wer seine Aufträge lebt,
dem ermöglicht Gott alles,
was er dafür benötigt.
Wer sich ganz seiner göttlichen
Blaupause verschrieben hat, für
den treten Wunder in das Leben.

MEISTER ST. GERMAIN

DER ELEFANTENHÜGEL

GESPRÄCH MIT
MEISTER ST. GERMAIN

BURN-OUT
TRAUM
DER ELEFANT
SINGT EURE LIEDER
LIEBT EUCH SELBST!

24. FEBRUAR 2019

BURN-OUT

BERICHT JJK: *Gestern führten mein Bruder Karl und ich ein längeres Gespräch zur aktuellen Situation unsere Arbeit im Verlag betreffend. Dabei haben wir festgestellt, dass wir immer mehr und mehr arbeiten und uns immer weniger Zeit für Ruhepausen nehmen. Wie ein Frosch, der langsam gekocht wird, ohne es zu merken, ging es uns. Es geschah schleichend und unsere Tage wurden immer voller und die arbeitsamen Nächte immer länger. Die Folgen sind, dass Karl seit einigen Tagen gesundheitlich etwas angeschlagen ist und ich sehe meine Familie, die in Wien lebt, nur noch an einem Tag in der Woche. Wollen wir nicht vor Erschöpfung zusammenbrechen, müssen wir das sofort ändern!*

Für die Menschen wissenswert ist, dass Karl und ich im Alltagsgeschäft alles alleine machen. Natürlich haben wir Freunde und Menschen, die uns zuarbeiten und die seit Jahren unverzichtbar sind – anders wäre die Arbeit nicht zu bewältigen – aber der Verlagsalltag ist uns zweien vorbehalten. Dass dies einen ziemlichen Einsatz erfordert, ist bestimmt leicht nachvollziehbar. Abschließend kamen Karl und ich zum Schluss, dass der Lichtweltverlag nicht durch noch mehr Arbeit von uns zweien expandieren kann, sondern nur, indem wir eine erhebliche Summe Geld, von wo und wie auch immer, erhalten.

Erhöhen wir jedoch unseren Einsatz, so endet das ganz sicher im „Burn-out". Deshalb werden wir ab sofort etwas leiser treten und auch die Blogbeiträge werden etwas weniger werden. (BERICHT ENDE)

TRAUM

In der folgenden Nacht hatte ich diesen Traum.

TRAUM JJK: *Ich sehe einen mittelgroßen Elefanten, wie er vor mir geht. Das rechte hintere Bein lahmt ein wenig, aber behindert sein Gehen nicht wirklich. Danach stehe ich auf einem Hügel voller Elefantendung. Es ist nahezu ein Berg, der immer größer wird, und ich denke mir: Dies ist ein so wertvoller Boden, Elefantenausscheidungen sind so ein wertvoller Dünger, warum wird er nicht in die Welt transportiert?* (Ich wache auf.)

Ich bin MEISTER ST. GERMAIN

Geliebte Geschwister des Lichts, ich bin bei euch!

Widmen wir uns jetzt in aller Klarheit diesem Traumbild, das eure Wahrnehmung bekräftigt und eure Entscheidung bestätigt. Gehen wir dem Traumbild des Elefanten und den Ausscheidungen auf den Grund.

Eure Arbeit soll in Harmonie und ohne Druck getan werden und das geht nur, wenn Karl und du, Jahn, ausreichend Zeit für euch selbst habt und wenn ihr für weitere soziale Kontakte Zeit bereitstellt.

Wichtige Aufträge bedürfen eines konsequenten Energie-Managements, da ihr auf vielen Ebenen gefordert seid.

Dahin geht nun der Weg.

DER ELEFANT

Im Einzelnen:

1. Der Elefant steht für Weisheit, Kraft und Ausdauer. Der Elefant zeigt euch auf, dass ihr alle Widrigkeiten überwinden könnt, und symbolisiert, dass ihr durchhalten werdet.
2. Der Elefant ist ein soziales Wesen und weist auf die familiären Bindungen hin, das heißt, dass ihr eure sozialen Kontakte, Familie und Freunde, pflegen sollt. Die Arbeit so einzuteilen, dass das möglich ist, das ist der Weg!
3. Der Elefant hat sehr wertvolle Ausscheidungen, die als Dünger für Böden wunderbare Ergebnisse bringen – und dies ist das zentrale Bild dieses Traumes. Ihr habt in den letzten Jahren – durch

enorme Kraftanstrengungen und durch die Überwindung vieler Umstände – einen fruchtbaren und gut gedüngten spirituellen Boden für die Menschen erschaffen.

Nun beschäftigt euch die Frage der „Expansion" und die große Menge des Elefantendüngers weist darauf hin. Warum geht das alles nicht in die Welt? Warum ist die Verbreitung eurer Bücher und Gaben nicht größer? Warum sammelt sich der Dünger an? Das sind die Fragen.

Die Antwort darauf hast du gerade gelesen.

JJK: Ich habe zu diesem Thema eine Meditation mit dem Kristallwürfel des Aufstiegs gemacht. Gewürfelt habe ich die CB11, heißt, meine ganze spirituelle Familie trat in mein Zimmer.

Nach der Meditation verspürte ich den Impuls, im Buch „Sai Baba und Jesus", wie ich es oft mache, per Zufallsprinzip eine Seite aufzuschlagen – und auf Seite 164 lese ich: *„Wenn die Umstände es nicht zulassen, euch am Singen zu beteiligen, dann bleibt zu Hause und singt die Lieder allein, in der stillen Kammer eures Herzens."* (Sai Baba)

SINGT EURE LIEDER

MEISTER ST. GERMAIN: Die „Umstände" sind aktuell die, dass derzeit weitere Umstellungen für eure „Expansion" unternommen werden. Was vor einem Jahr vereitelt wurde, wird jetzt auf andere Weise vorbereitet.

Dies ist die Zeit, in der ihr eure Arbeiten achtsam und mit ganzer Hingabe weiterführen sollt. Es ist die Zeit, in der ihr euch nicht darum sorgen sollt, wann und wodurch die Menschen zu euch finden. Arbeitet in der Stille und gelassen weiter, singt eure Lieder allein, zu zweit oder zu dritt und erwartet die Umstände, die für einen nächsten großen Schritt vorbereitet werden.

JJK: Sprichst du von einem Plan B?

MEISTER ST. GERMAIN: Ja.

JJK: Gibt es dafür einen Zeitrahmen?

MEISTER ST. GERMAIN: Es gibt für die Menschen, die daran beteiligt sind, einen Zeitrahmen. Wenn Menschen ihre Aufträge nicht erkennen, erhalten sie auf unterschiedlichsten Wegen Unterstützung, um Klarheit zu erlangen. Erst wenn sie sich ganz verweigern, stellt die geistige Welt alles um.

Das heißt, wir sind damit befasst, Menschen, deren Aufträge mit den euren einhergehen, darauf hinzuweisen. Diese Hintergrundarbeit soll euch nicht beschäftigen. Denn:

Wer seine Aufträge lebt, dem ermöglicht Gott alles, was er dafür benötigt. Wer sich ganz seiner göttlichen Blaupause verschrieben hat, für den treten Wunder in das Leben.

JJK: Ein Bestseller würde alles erleichtern – oder?

MEISTER ST. GERMAIN: Die Zeit dafür muss reifen und sie wird reif sein. Die konstante Anhebung der Schwingung auf Erden wird immer mehr Menschen zu euren Büchern und zum Erbe von Atlantis führen.

Es ist ein Naturgesetz, dass ab einem bestimmten Moment der Taube den Klang, der Blinde das Licht und geistig verarmte Menschen die Wahrheit suchen.

Das heißt, das Lichtwelt-Projekt gewinnt für immer mehr Menschen an Bedeutung. Noch ist dies ein linearer Vorgang, doch er wird exponentiell.

Bis dahin arbeitet in aller Stille und mit innerer Ruhe weiter. Nehmt euch Zeit für euch selbst und eure Freunde.

Der Humus, der bereits vorhanden ist, reicht für alle Menschen – selbst über die Zeit nach dieser Zeit hinaus.

JJK: Und warum hinkte der Elefant?

MEISTER ST. GERMAIN: Der hinkende Elefant zeigte auf, dass ihr mit dieser aktuellen Situation nicht im Frieden wart. Ihr fühlt euch etwas eingeschränkt in der Bewegungsfreiheit, da der „große Wurf" vereitelt wurde und jetzt auf sich warten lässt.

Diese Szene verweist auf eure aktuelle Wahrnehmung in dieser Angelegenheit. Seid euch jedoch versichert, seit eurem gestrigen Gespräch hat der Elefant des Traumes wieder vier gesunde Beine.

LIEBT EUCH SELBST!

Abschließend gebe ich euch die Gewissheit, dass ihr in jeder Angelegenheit vom Himmel geführt werdet. Lasst euch auf eure eigenen Bedürfnisse ein und lebt sie.

So bedeutend es ist, eure Aufträge zu erfüllen, so bedeutend ist es auch, dafür die erforderliche Energie aufbringen zu können – und dies geschieht, indem ihr euch selbst Zeit, Ruhe und Aufmerksamkeit schenkt.

Liebt euch selbst so, wie ihr eure Arbeit für die Menschen liebt.

JJK: Ich stelle mir dabei die Frage: Werden wir, wenn ich weniger Beiträge bringe, genug Umsätze machen? Denn Beiträge bringen Leser und Leser bedeuten Umsätze? So wenig ich diese Rechenbeispiele mag, so wahr und überlebenswichtig sind sie für den Verlag!

MEISTER ST. GERMAIN: Lass die Dinge auf dich zukommen. Du wirst sehen, wie wenig sich verändert, wenn du dieser Fülle an Botschaften die weitere Fülle in längeren Abständen hinzufügst.

In diesem Geiste und mit dem Segen Gottes, der alles ist, vergewissere ich euch meiner Gegenwart auf allen euren Wegen und der aktiven Unterstützung eurer Lichtgeschwister aus dem Sein.

Wir erfüllen einen gemeinsamen Auftrag auf Erden und das Lichtwelt-Projekt gibt diesen Auftrag das Gesicht.

Ich bin MEISTER ST. GERMAIN

Fürchte dich keinen Moment!
Auch wenn Wüsten zu Meeren
und Meere zu Wüsten werden:
Du stehst unter meinem Schutz.

BABAJI

5G, BARGELDVERBOT, RFID-CHIP: KEIN ENTRINNEN?

GESPRÄCH MIT
BABAJI

ENDE DER FREIHEIT?
ES IST NIE ZU SPÄT!
SITUATION SPITZT SICH WEITER ZU!
GEHE DEINEN WEG MIT GOTT
DIE ZUKUNFT DER MENSCHHEIT HAT BEGONNEN!

01. MÄRZ 2019

ENDE DER FREIHEIT?

JJK: Wie geht es weiter? Jetzt wird weltweit 5G [13] eingeführt - die Massenbestrahlung und Massenmanipulation der Menschen! Auch das Bargeldverbot ist ante portas - ein Ende der Freiheit auch in dieser Hinsicht. Wie also geht es weiter, wird wirklich alles bis zum Letzten überstrapaziert?

BABAJI: Ich bin bei der Menschheit, ich bin bei jedem Menschen - ich bin bei Dir, Jahn.

Ja! Es ist der Lauf der Zeit und die Dynamik, die den Ereignissen vor dem finalen Umbruch innewohnt.

JJK: Die Menschheit fährt mit 100 km/h gegen die Wand und es kommt mir vor, als steigt sie jetzt erst richtig aufs Gas!?

BABAJI: Diese Entwicklungen sind nicht zu stoppen, da allein dies das Neue hervorbringen kann. Der große Teil der Menschen muss tief in einen Irrtum einsteigen. Erst dadurch entsteht das Bedürfnis für einen Ausstieg und es kann die Kraft für die Erkenntnis entwickelt werden. Ein Fehler muss tief erfahren werden, mit allen Konsequenzen, ehe die Gegenbewegung eintritt - dies gilt im individuellen wie auch im globalen Sinne.

JJK: Ist es dann nicht zu spät? Wenn wir durch elektromagnetische Strahlung total manipuliert werden, wenn wir jede Freiheit beim Zahlungsverkehr verlieren und wenn sogar der RFID-Chip kommt – ist es dann nicht zu spät? Dann sind die Menschen ihrer Freiheit restlos beraubt und zu Bio-Robotern mutiert.

ES IST NIE ZU SPÄT!

BABAJI: Es ist nie zu spät dafür, einen Irrtum zu korrigieren. Wahr ist, dass die Gefangenschaft der Menschheit zunimmt. Die von dir erwähnten Umstände weisen dahin.

Dies ist Teil des großen Spiels auf dieser Erde und ein jeder Mensch hat die Wahl – mitzuspielen oder NEIN zu sagen.

JJK: Ich denke mir oft, dass hier wirklich nur eine göttliche Intervention helfen wird können. Bis wie weit werden die Zumutungen noch ausgedehnt, ehe die große Reinigung beginnt?

Viele Menschen können ja gar nicht mehr NEIN oder bewusst JA sagen, da sie nicht mehr sie selbst sind und keinen eigenen Willen mehr besitzen.

SITUATION SPITZT SICH WEITER ZU!

BABAJI: Diese Situation spitzt sich weiter zu, bis an den Tag, an dem sich die dunklen Herrscher ihres Triumphes sicher sind, und bis weitgehend die ganze Menschheit unter ihrem Einfluss steht - und es spitzt sich zu, bis an den Tag, an dem die kritische Masse von Menschen, die nach dem Licht rufen, erreicht ist. Von denen, die noch einen eigenen Willen bewahrt haben, muss ein klarer Ruf und Auftrag an den Schöpfer ergehen, dann nehmen die Ereignisse auf eine neue Weise ihren Lauf. Danach ist die Welt in wenigen Tagen verändert und nicht mehr so, wie sie einmal war.

Zu Erwachen, heißt, seinen freien Willen für das Göttliche zu verwenden.

Es gibt ausreichend Menschen, die bei klarem Verstand sind und die jede Berührung mit dem göttlichen Lichte meiden. Erwacht eine bestimmte Anzahl dieser Menschen, kehrt sich alles um und es wird LICHT.

JJK: Was können wir neben der eigenen Erkenntnisarbeit tun? Wenn diese 5G-Sender an allen Ecken aufgestellt werden oder wenn uns das Bargeld weggenommen wird und der RFID-Chip „alternativlos" wird - gibt es eine Möglichkeit, diesen Entwicklungen Einhalt zu gebieten, damit das Schlimmste vermieden werden kann?

BABAJI: Der Weg führt jeden Menschen zu sich selbst. Dort liegen die Antworten für den Einzelnen. Grundlegend ist: Bewusstseinsarbeit zu betreiben, in sich selbst hinein zu spüren und die Stimme Gottes wahrzunehmen – dann findet jeder Mensch seine Antworten und den eigenen Weg.

Der Eine wird aufstehen und sich in die irdische Schlacht werfen, der Andere wird aufstehen und sich in die spirituelle Schlacht werfen – und manche werden auf beiden Ebenen agieren. All dies ist dann im Sinne des Schöpfers, da ein jeder Mensch seinen Platz einnimmt und seine Aufgaben erfüllt.

GEHE DEINEN WEG MIT GOTT

Darauf, allein darauf kommt es bei allen euren Anstrengungen an. Gehe deinen einmaligen und einzigartigen Weg. Es ist Gott, der dir diesen offenbart, und es ist Gott, der dich bei jedem Schritt begleitet und der jedes deiner Vorhaben segnet.

Höre aufmerksam in dich hinein – was sind deine Aufträge – und dann gehe deinen Weg. Folge keinem falschen Propheten, beteilige dich an keiner Revolution, wenn es deine Aufträge nicht von dir verlangen oder wenn einer Revolte die spirituelle Basis fehlt.

Bleibe ganz bei dir selbst!

Verstärke deine Bemühungen, dich ganz an Gott anzubinden, dann ergibt sich alles von selbst, da du an das Ganze angebunden bist. Dann ist das Reich Gottes in dir und du zerbrichst dir keinen Kopf mehr darüber, wie du dein Leben leben sollst oder was du zu tun hättest.

JJK: Ich denke jetzt an die Worte von JESUS CHRISTUS, die im Neuen Testament wunderbar überliefert sind:

25 *„Deswegen sage ich euch: Sorgt euch nicht um euer Leben, was ihr essen oder trinken sollt, noch um euren Leib, was ihr anziehen sollt! Ist nicht das Leben mehr als die Nahrung und der Leib mehr als die Kleidung?*
26 *Seht euch die Vögel des Himmels an: Sie säen nicht, sie ernten nicht und sammeln keine Vorräte in Scheunen; euer himmlischer Vater ernährt sie. Seid ihr nicht viel mehr wert als sie?*
27 *Wer von euch kann mit all seiner Sorge sein Leben auch nur um eine kleine Spanne verlängern?*
28 *Und was sorgt ihr euch um eure Kleidung? Lernt von den Lilien des Feldes, wie sie wachsen: Sie arbeiten nicht und spinnen nicht.*
29 *Doch ich sage euch: Selbst Salomo war in all seiner Pracht nicht gekleidet wie eine von ihnen.*
30 *Wenn aber Gott schon das Gras so kleidet, das heute*

auf dem Feld steht und morgen in den Ofen geworfen wird, wie viel mehr dann euch, ihr Kleingläubigen!
31 Macht euch also keine Sorgen und fragt nicht: Was sollen wir essen? Was sollen wir trinken? Was sollen wir anziehen?
32 Denn nach alldem streben die Heiden. Euer himmlischer Vater weiß, dass ihr das alles braucht.
33 Sucht aber zuerst sein Reich und seine Gerechtigkeit; dann wird euch alles andere dazugegeben.
34 Sorgt euch also nicht um morgen; denn der morgige Tag wird für sich selbst sorgen. Jeder Tag hat genug an seiner eigenen Plage." Matthäus 6, 25–34

BABAJI: Das ist die einzige Wahrheit und dieser sollst du aus ganzem Herzen folgen, ohne dabei das Augenscheinliche zu übersehen oder das Offensichtliche zu negieren.

DIE ZUKUNFT DER MENSCHHEIT HAT BEGONNEN

Die Tage des Umbruchs sind dieser Menschheit vorbestimmt. Daran führt kein Weg vorbei. Bis dahin wird ein jeder Mensch von der Urquelle allen Lebens eingeladen, seine Wahl zu treffen.
Diese besteht darin:
1. weiter im Spiel zu bleiben oder
2. die Weiterreise in das Licht anzutreten und diese Ebene zu verlassen.

Fürchte dich keinen Moment! Auch wenn Wüsten zu Meeren und Meere zu Wüsten werden: Du stehst unter meinem Schutz.

Gib dich ganz deiner inneren Verwandlung hin, dann bist du immun gegen alle Krankheiten, die diese Welt hervorbringt, und dann bleibst du frei, auch wenn die ganze Menschheit versklavt wird.

Wir führen dieses Gespräch an anderer Stelle und zu anderer Stunde fort, damit die Menschen in die göttliche Führung Vertrauen fassen können und damit sie im Vertrauen bleiben.

Jetzt, da die Menschheit von einem in den anderen Irrtum taumelt, kommt es auf die an, die bei klarem Verstand bleiben und über ein reines Herz verfügen. Es sind diese Menschen, denen aufgetragen ist, das Rad des Karmas anzuhalten.

Denn die Zukunft der Menschheit hat begonnen Sie beginnt heute, hier und jetzt – in dir.

Ich bin BABAJI
Ich bin mitten unter euch.

Es ist entscheidend,
dass du gegen deine Ängste
nicht ankämpfst. Wer die
Angst bekämpft, erzeugt den
Widerstand, den die Angst für ihr
Überleben braucht.

ERZENGEL METATRON

ANGST ODER LIEBE?

GESPRÄCH MIT
ERZENGEL METATRON

WORAUF LENKST DU DEINE AUFMERKSAMKEIT?
1. ÜBUNG: ÄNGSTE BEWUSST MACHEN
2. ÜBUNG: SIND ÄNGSTE BERECHTIGT?
95 % DER ÄNGSTE SIND EINGEBILDET, 5 % REAL!
MEIN GESCHENK
LÖSCHUNG ALLER TRAUMATISCHEN GEBURTSERFAHRUNGEN AUF ZELLULARER EBENE
WIRKLICHKEIT VON LIEBE

06. MÄRZ 2019

WORAUF LENKST DU DEINE AUFMERKSAMKEIT?

Das Menschenleben ereignet sich im Spannungsfeld von Angst oder Liebe. Alle Emotionen, Gefühle, gedankliche Konzepte und Erfahrungen liegen entweder der Angst oder der Liebe zugrunde. Das Spektrum dazwischen ist groß, jedoch immer zeigt das Pendel in die Richtung, auf die ein Mensch seine Aufmerksamkeit lenkt.

Ist es die Angst oder ist es die Liebe, der du in deinem Leben Bedeutung schenkst? Dieser Themenstellung wollen wir uns jetzt eingehend widmen, bis die Illusion der Angst durchschaut und die Wirklichkeit der Liebe erkannt ist.

Ich bin ERZENGEL METATRON

Ich bin mitten unter euch! Ich bin das Licht in tiefster Finsternis, ich bin die reine Quelle allen Lebens für alle aufrechten Sucher und für alle, die Gott nahe sein wollen.

Geliebte Menschen,

es heißt, Teil jeder Transformationsarbeit ist, dass Ängste erlöst werden. Dies ist richtig. Teil jeder Transformationsarbeit ist aber auch, dass du – ab einem bestimmten Punkt deiner spirituellen Entfaltung – fähig bist, auftretende Ängste sofort als Illusion zu durchschauen, sodass sie dir nichts mehr anhaben können. Dann gibt es nichts mehr zu erlösen und du bist augenblicklich frei.

Dieser Grad an Bewusstheit erfordert einen klaren Umgang mit den Ängsten und das verlangt von dir einen wahrhaftigen Blick für das, was in dir noch existiert.

Hast du diesen Charakter, dann ist beinahe alles erreicht! Warum?

Da durch das Hinblicken und Wahrnehmen von Ängsten die Basis für deren Auflösung erschaffen ist. Dann ist der Weg, auf dem Ängste immer rascher als Illusion enttarnt werden, frei. Dieser Pfad beschreibt die Tatsache, dass du dich mit deinen Ängsten nicht mehr identifizierst. Somit sind wir bei der ersten Übung angekommen.

Wir wollen uns jetzt ganz diesem Thema widmen, sodass du am Ende ein Werkzeug in der Hand hast, das dir ermöglicht, mit deinen Ängsten entspannt umzugehen, bis dass Freiheit eintritt. Denn „Angstlosigkeit“ bedeutet immer Freiheit - ein ängstlicher Mensch kann niemals frei sein.

1. ÜBUNG: ÄNGSTE BEWUSST MACHEN

Die erste Stufe dieser Bewusstseinsarbeit besteht darin, dass du dir eine deiner Ängste jetzt bewusst machst.

Wesentlich ist, dass du dir jetzt eine deiner Ängste eingestehst.

Lass dir dafür etwas Zeit und beobachte welche insgeheimen Ängste jetzt vor deinem inneren Auge erscheinen. Du bist niemandem Rechenschaft schuldig. Niemand außer du selbst hat jetzt Kenntnis davon, was dich in Angst versetzt...

Pause...

Jetzt betrachte diese Angst. Blicke aufmerksam hin, betrachte die Angst mit Liebe. Beobachte nur – werte, bewerte und urteile nicht. Leiste keinen Widerstand, sondern betrachte deine Angst mit aller Liebe, die du jetzt dafür aufbringen kannst...

Was geschieht jetzt...

Pause...

Du bemerkst, dass diese Angst außerhalb von dir existiert. Sie ist nicht mehr Teil von dir, doch sie ist etwas, was in deiner Nähe ist, sie umgibt dich. Betrachte sie weiter in Liebe...

Pause...

Du bemerkst, dass die Angst immer weniger wird. Die Aussage „ICH HABE ANGST“ fühlt sich jetzt fremd an…

Pause…

Du bemerkst, wie sich das, was Angst war, auflöst…

Pause…

Die von dir erkannte Angst hat sich jetzt verflüchtigt und wurde als Illusion durchschaut…

Pause…

Es ist entscheidend, dass du gegen deine Ängste nicht ankämpfst. Wer die Angst bekämpft, erzeugt den Widerstand, den die Angst für ihr Überleben braucht.

Die Übung ist: das, was ist, in Liebe wahrzunehmen, das, was ist, anzuerkennen und nichts zu verdrängen!

Denn auch dies ist ein weitverbreitetes Phänomen dieser Zeit.

Vielen Menschen gelingt es, ihre Ängste ganz zu verdrängen, und so bleiben sie im Irrglauben, keine Ängste mehr zu haben. Dies ist der falsche Weg und führt nicht zur Freiheit.

Der richtige Weg ist:

A. Bereit zu sein für die Wahrheit und die Ängste, die in einem schlummern.
B. Bewusst zu sein, dass die meisten Ängste Illusionen sind und dass sie, damit sie sich von dir lösen können, als solche erkannt werden müssen.

Wie erkennst du eine Illusion? Indem du bereit bist, dich auf die Wahrheit – auf jede Wahrheit – einzulassen!

Du hast Angst vor dem Wasser? Spring hinein.
Du hast Angst vor der Finsternis? Setze dich ihr aus.
Du hast Angst vor dem Sterben? Erforsche es, bis du deine Unsterblichkeit erfasst hast.

Der Punkt, um den es dabei geht, ist, dass du dich dem, was für dich Angst machend ist, aussetzt.

Du vermutest einen Abgrund unter dir, dann überprüfe das, ehe du vor Angst erstarrst.

2. ÜBUNG: SIND ÄNGSTE BERECHTIGT?

Dies ist die zweite Übung, der zweite Zugang, um deinen Ängsten Herr zu werden. Wenn Ängste übermächtig scheinen, dann überzeuge dich davon, ob diese Ängste berechtigt sind – ob die Gründe dafür tatsächlich auch existieren?

Gehe diesen Ängsten auf den Grund.

Diese Übung verlangt von dir, dass du dann hellwach bist, wenn diese Ängste auftauchen. Du hast immer die Chance, deine Ängste zu bändigen, doch dies verlangt eine große Bewusstheit von dir. Deshalb übe dich darin, deine täglichen Phantom-Ängste zu erkennen – und du wirst ein unglaubliches Gefühl von Freiheit und Selbstbewusstsein erlangen.

JJK: Gibt es Ängste, die berechtigt sind?
Ich denke da zum Beispiel an Überlebensängste, wenn sich ein Mensch bedroht fühlt und darauf reagieren muss, um physisch zu überleben?

95 % DER ÄNGSTE SIND EINGEBILDET, 5 % REAL!

ERZENGEL METATRON: Diese Art von Ängsten dient den Menschen als Schutzfunktion und sie wird erst dann bedeutungslos, sobald ein Mensch Erleuchtung erlangt hat. An dieser Stelle geht es nicht darum, dass du alle Ängste verlieren sollst – NEIN – denn es gibt Ängste, die real sind und die akzeptiert werden müssen.

Die Schwierigkeit entsteht dann, wenn du hinter jedem Baum eine Schlange, in jedem Gewässer ein Krokodil oder aufgrund der großen Veränderungen auf der Erde immer den Weltuntergang erwartest. Diese Ängste sind eingebildet und davon gilt es befreit zu werden.

Ängste, die dich vor einer Gefahr warnen, sind für dich lebenswichtig. Ängste, die du dir einbildest, lassen in dir jede Sensibilität und Empfänglichkeit für die Wirklichkeit absterben.

Ein erleuchtetes Bewusstsein ist in jedem Augenblick im Göttlichen verankert und es greift auf menschliche Überlebensstrategien bewusst zu oder es verzichtet bewusst darauf.

Ein erleuchtetes Bewusstsein weiß um seine Ewigkeit und es kann sich grundsätzlich weder mit einer inneren noch mit einer äußeren Bedrohung identifizieren.

Bis ein Mensch diese Stufe der Bewusstheit erreicht, hat er eine lange Reise auf Erden zurückgelegt.

In dieser Botschaft lade ich dich ein, deine ganze Aufmerksamkeit auf die verborgenen Ängste zu lenken, alles – was in dir für Unruhe, Unwohlsein, für Angst sorgt – aufzuspüren und auf den tatsächlichen Wert hin zu überprüfen. Sehr bald wirst du bemerken, dass 95 % der Ängste eingebildet sind – und die noch vorhandenen 5 % dienen dir als Schutz und die darfst und sollst du behalten.

Der Weg zur Freiheit existiert und besteht darin, dass du deine inneren Phänomene entschlüsselst und dem göttlichen Lichte aussetzt. Das ist der Weg zur Freiheit – und Liebe wird möglich.

MEIN GESCHENK

An dieser Stelle überbringe ich jedem Menschen, der sich jetzt dieser Heilung hingibt, ein einmaliges Geschenk: das Geschenk der Löschung von traumatischen Geburtserfahrungen.

Dies hat zur Folge, dass die Angst des Menschen vor seinem körperlichen Sterben nach wie vor sehr ausgeprägt ist. Die Ursache dieser Angst liegt in der Tatsache, dass die Ängste von euren Geburten auf Erden noch nicht erlöst sind.

Die überwiegende Anzahl der Menschen erlebte ihre Geburt auf Erden als Trauma. Ein Kind, das die Nähe zu seiner Mutter nach 9 Monaten, oft auch früher, aufgeben muss und in die kalte Welt geboren wird, erlebt dies immer auf die eine oder andere Weise traumatisch.

Aus der behaglichen und vollkommenen Symbiose mit der Mutter in diese Welt zu treten, ist eine große Herausforderung. In einem Moment ist der Mensch auf sich selbst angewiesen. Selbst die liebevollste Mutter und die beste Umgebung können die Tatsache, dass die Geburt von vielen Kindern wie ein Tod erlebt wird, nicht ungeschehen machen.

Wir leben jedoch in einer Zeit großer Umbrüche und so werden schon sehr bald die Frauen keine Schmerzen mehr haben und die Kinder ihre Geburt als harmonischen und lichtvollen Eintritt in diese Welt erleben.

In vielen Zeiten wurdet ihr geboren und so seid ihr immer kleine Tode gestorben. Allein deshalb hat sich die Angst vor dem körperlichen Ableben so tief in eurem zellularen Bewusstsein festgesetzt.

Warum haben so viele Menschen Angst vor dem Sterben? Die Antwort ist: Weil sie ihre Geburt angstvoll erlebt haben und sich folglich vor einer Wiederholung dieses Vorganges fürchten – denn im Sterben werdet ihr erneut geboren.

So ist die Zeit der Gnade gekommen. Ich beginne jetzt mit dem Vorgang, der eure Geburtstraumata aufhebt. Dies geschieht bei jedem Menschen in Einklang mit seinem freien Willen und bei jedem Menschen in dem Grad, wie es seine energetische und spirituelle Konstitution ermöglicht.

LÖSCHUNG ALLER TRAUMATISCHEN GEBURTSERFAHRUNGEN AUF ZELLULARER EBENE

Ich, der ich bin Gottes Licht auf dieser Erde, lösche jetzt alle traumatischen Erinnerungen auf zellularer Ebene – deine Geburten betreffend.

Ich, der ich bin Gottes Licht auf dieser Erde, überschreibe jetzt alle auf zellularer Ebene gespeicherten Erinnerungen an traumatische Geburten – mit der Energie von bedingungsloser Liebe.

Ich, der ich bin Gottes Licht auf dieser Erde, fülle alle Lücken, die durch das Herauslösen dieser Traumata jetzt in eurem energetischen System entstehen – mit bedingungsloser Liebe.

Du bist von dieser Verwundung frei. Deine Geburten als Mensch sind von den dramatischen Umständen befreit und deine Seele ist von diesem Schmerzen geheilt.

Dieser Vorgang wirkt in den nächsten Tagen bei allen Menschen, die dieser Gnade teilhaftig wurden, nach!

Und teilhaftig wurdest du!

Pause…

WIRKLICHKEIT VON LIEBE

Geliebter Mensch,

die Wirklichkeit von Liebe kann hervortreten, sobald die Ängste gegangen sind und sobald du in der Lage bist, mit deinen noch vorhandenen Ängsten zu arbeiten.

Es ist eine schöne und spannende Aufgabe – ein Abenteuer – sich den Täuschungen dieser Ebene zu stellen, sich verspielt darauf einzulassen und die Aufmerksamkeit auf das zu lenken, was dich erfüllt.

Diese Tage halten große Heilungen für dich bereit und einmalige Wachstumsschritte sind möglich. Diese Zeit ist in jeder Hinsicht unvergleichlich und stellt für jeden Menschen eine dementsprechende Herausforderung dar.

Deshalb erhält die Menschheit die größtmögliche Unterstützung des Himmels, deshalb dienen jedem Menschen Engel sonder Zahl und deshalb breitet Gott, unser Schöpfer, seine Arme aus und lässt die Gnadenströme fließen.

Wohin lenken dich deine Schritte, wohin trägt dich dein Bewusstsein? Zieht es dich in die Tiefebenen der Welt oder sind es die lichten Anhöhen, die dich faszinieren?

Gott sucht dich so lange, bis du dich finden lässt. Die Frage ist: Möchtest du von Gott schon gefunden oder immer noch gesucht werden?

Ich liebe dich unendlich

ERZENGEL METATRON

Im Inneren findest du alles,
was du für diese Zeit benötigst.
Im außen findest du nichts
von Wert, um diese kommenden
Ereignisse mit Geist, Seele und
Körper unbeschadet
zu überstehen.

SANANDA

DANN WIRD DER SCHUTZ AM GRÖSSTEN SEIN!

GESPRÄCH MIT
SANANDA

SCHENKT DEN ANGSTPREDIGERN KEINEN GLAUBEN
FESTEN BODEN BEHALTEN
DER TAG DER WAHRHEIT
EINE GROSSE VIELFALT VON MENSCHEN

07. MÄRZ 2019

Was sich derzeit auf der Erde ereignet, trägt die Handschrift von Menschen, die tragische Ereignisse für die Endzeit hervorrufen wollen. Dies wird auf diese Weise nicht zugelassen!

Ich bin SANANDA

Geliebte Menschen,
die Sorgen unter den Menschen nehmen zu! Wie geht es weiter, jetzt, wo es den Anschein hat, dass die Schlinge der Manipulation immer enger gezogen wird und dass die Achtlosigkeit der Menschen gegenüber dem Planeten immer größer zu werden scheint. Es steuert alles auf einige große und alles verändernde Ereignisse hin – und ich sage euch:

Fürchtet euch nicht! Denn wenn die Erde bebt und sich Meere teilen, wenn es vom Himmel Feuer regnet und wenn sich die Spreu vom Weizen trennt, dann wird der Schutz Gottes am größten sein und es werden die Wunder ihren Lauf nehmen.

SCHENKT DEN ANGSTPREDIGERN KEINEN GLAUBEN!

Deshalb beachtet jene Propheten der Endzeit – die dunkle Szenen malen und die der ganzen Menschheit Tod und Verderben verkünden – nicht.

Schenkt jenen, die Angst predigen und die Furcht schüren, keinen Glauben, sondern vertieft euren eigenen Glauben, euer eigenes inneren Wissen – und die Zukunft der Menschheit wird sich euch enthüllen.

JJK: Aber heißt es nicht, dass oben zu unten und unten zu oben wird? Sind uns solche Ereignisse nicht vorausgesagt? Wenn es „Feuer vom Himmel regnet", da können schon Ängste aufkommen?

SANANDA: Es sind diese Ängste, die ihr jetzt bewältigen sollt und ablegen könnt. Indem ihr ein tiefes, inneres Gottvertrauen und eine tiefe Anbindung an Gott erlangt, schwinden diese Ängste.

FESTEN BODEN BEHALTEN

Im Inneren findest du alles, was du für diese Zeit benötigst. Im außen findest du nichts von Wert, um diese kommenden Ereignisse mit Geist, Seele und Körper unbeschadet zu überstehen.

Es ist von Bedeutung, die Menschen auf das Kommende hinzuweisen, denn nur dadurch können sich einzelne Menschen darauf vorbereiten. Diese Ereignisse kommen plötzlich – und dann, wenn sie niemand mehr erwartet. Sich darauf einzuschwingen und diese Ereignisse als einen notwendigen Übergang in die Zeit ohne Zeit zu verstehen, ist die beste Voraussetzung dafür, bei Verstand und innerlich ruhig zu bleiben.

Das Ende dieser Zeit ist begleitet von großen Umbrüchen auf allen Ebenen. Nichts wird bleiben, wie es bisher war, denn es werden die ganzen Krankheiten der Menschheit und die Verletzungen von Mutter Erde geheilt – dies in einer sehr kurzen Zeit, was eine unbeschreibliche Dynamik in dieses Geschehen bringt.

DER TAG DER WAHRHEIT

JJK: Wie viel Zeit ist noch bis dahin?

SANANDA: Der Tag der Wahrheit ist nicht mehr fern und kommt in großen Schritten näher.

Alles deutet darauf hin, dass die kritische Masse an Menschen, die den Umbruch auslösen, und die kritische Masse an Menschen, die dem alten System den letzten Impuls geben, damit es brechen kann, sehr bald erreicht sind.

Alles steuert auf das Finale hin und diesem Ende und Anfang werden viele Menschen, die jetzt auf der Erde leben, beiwohnen.

Denn es gibt einen Grund, warum ihr zu dieser Zeit inkarniert seid.

EINE GROSSE VIELFALT VON MENSCHEN

Ihr seid in einen Körper von Fleisch und Blut gestiegen, damit ihr diese Erfahrung der Metamorphose einer ganzen Welt LIVE erleben könnt.

Für einige von euch bedeutet dies das Ende der Reise auf dieser Erfahrungsdichte von 3D, für die meisten Menschen ist dies jedoch der Beginn weiterer irdischer Erfahrungen.

JJK: Die Erde ist also ein Tummelplatz für ganz unterschiedliche Menschen – es sind nicht nur Sternensaaten und Kristallkinder unter uns?

SANANDA: Es ist eine große Vielfalt, die diese Menschheit aufweist. Vielfältiger könnte die Seelensignatur der Menschen nicht sein, als hier auf dieser Erde zu dieser Zeit des Umbruchs. Denn dieser Umbruch wird von allen erwartet und so wird ein jeder Mensch das erfahren, was ihm beschieden ist.

Jeder Mensch erfüllt in diesem kosmischen Spiel seine einmalige Rolle, trägt durch seine Einzigartigkeit dazu bei.

Abschließend lade ich dich ein, deine Bewusstseinsarbeit fortzuführen und in den Anstrengungen, damit sich dir das Göttliche erschließt, nicht nachzulassen.

Nur dadurch kannst du ein Verständnis für diese Zeit erlangen und den Überblick gewinnen. Nur dadurch kannst du dich von eingebildeten Ängsten befreien.

Denn auch wenn sich oben zu unten verkehrt, ein Mensch, der in seiner seelischen Mitte ruht, behält immer festen Boden unter den Füßen.

Ich bin bei dir, ich liebe dich unendlich

SANANDA

Für die Dauer des Überganges wird nichts, was heute für die meisten Menschen und für die Wirtschaft überlebenswichtig ist, funktionieren! Die Menschen werden auf Technologie-Entzug gesetzt, damit sie sich ihrer wahren Fähigkeiten bewusst werden können.

SANANDA

TECHNOLOGIE-ENTZUG DER MENSCHHEIT

GESPRÄCH MIT
SANANDA

DAS PHÄNOMEN VON ZEIT
MAGNETFELD WIRD AUSGETAUSCHT!
DAS GOLDENE KALB WIRD FALLEN!

10. MÄRZ 2019

DAS PHÄNOMEN VON ZEIT

Das Phänomen, dass die Zeit immer schneller vergeht, weist darauf hin, dass das elektromagnetische Feld der Erde abnimmt. Umso schneller die Zeit vergeht, desto rascher nähern wir uns dem Punkt, an dem es keine Zeit mehr gibt – es ist der Punkt, an dem es auch kein elektromagnetisches Feld mehr gibt. Dann dreht sich alles in das Licht und das kristalline Gitter des Christusbewusstseins übernimmt den Schutz und die Bewusstwerdung der Menschheit.

Dieser Moment in der Zeit rückt näher und näher und ist wahrlich nicht mehr fern.

Das bedeutet, viele Ängste, die mit den derzeitigen technischen Entwicklungen einhergehen, sind aus dieser Sicht unbegründet. Denn eines nicht allzu fernen Tages, heißt es STOPP und alles, was die Welt bisher zu dominieren schien, ist mit einem Schlag vorbei – ausgelöscht!

MAGNETFELD DER ERDE WIRD AUSGETAUSCHT!

JJK: Sprichst du von sogenannten Sonnenimpulsen, oder geomagnetischen Stürmen, die von der Sonne ausgehen und unser ganzes Stromnetz lahmlegen können?

SANANDA: Energiewellen von der Sonne und der Zentralen Sonne erreichen die Erde. Ununterbrochen wird die Erde damit bespielt, bis der Moment erreicht ist, an dem das 3D-Magnetfeld gegen ein 5D-Kristallenergiefeld des Christusbewusstseins ausgetauscht werden kann.

JJK: Das heißt, wenn ich aktuell an die Einführung der 5G-Technologie denke, dann wird das eines Tages plötzlich zerstört sein. Auch unsere Computer werden nicht mehr funktionieren, auch Handys sind dann nutzlos!?

SANANDA: ***Für die Dauer des Überganges wird nichts, was heute für die meisten Menschen und für die Wirtschaft überlebenswichtig ist, funktionieren!***

Die Menschen werden auf Technologie-Entzug gesetzt, damit sie sich ihrer wahren Fähigkeiten bewusst werden können.

JJK: Viele werden das wohl nicht ertragen?

SANANDA: Viele werden sich sehr schnell einfinden. Dieser Umbruch ist wahrlich einmalig und alle Prophezeiungen greifen hier zu kurz.

DAS GOLDENE KALB WIRD FALLEN!

Lebt das Leben in der Liebe und im Lichte Gottes. Fürchtet euch keinen Augenblick. Haltet euch so weit als möglich von allen Manipulationen fern und verzichtet ganz bewusst auf so manche technische Errungenschaft, die der Menschheit als unverzichtbar verkauft wird.

Haltet euch so weit als möglich fern von den Übeln einer Menschheit, die das Goldene Kalb der Technologie verehrt, die eigene innere Göttlichkeit aber leugnet.

Geht auf Entdeckungsreise in euer Innerstes, dort werdet ihr weit mehr finden, als ihr vermutet und als euch die äußere Welt jemals bieten wird können. Bleibt eurem Weg treu, bleibt Gott ergeben und für alles andere ist Sorge getragen.

Ich bin mit euch und bei euch. Es war vom Anfang der Zeit und es ist bis zum Ende der Zeit meine Aufgabe, die Menschheit durch die Tage, die jetzt sind, zu führen und auf die Tage, die jetzt kommen, vorzubereiten.

Wir sind eins – und es ist deine Sehnsucht nach Gott, die diese Einheit stetig nährt.

Ich bin SANANDA

Das Faszinierende für einen Engel
aus dem Licht, der sich auf die
Reise zur Erde begibt, ist,
den Traum des Lebens
als Mensch zu träumen und
eines Tages aufzuwachen.

ERZENGEL METATRON

EINE GEFÄHRLICHE REISE: WOHLFÜHLPÄDAGOGIK ODER EIN INDIANER KENNT KEINEN SCHMERZ?

GESPRÄCH MIT

ERZENGEL METATRON

DER PÄDAGOGISCHE IST-ZUSTAND
DER GROSSE PLAN
KEINE AKTIVITÄT IST VERGEBLICH!
DIE VERANTWORTUNG DES KINDES
FINDET DER AUFSTIEG WIRKLICH STATT?
KARMA, AUFTRÄGE, BEWUSSTSEIN
3000 JAHRE UND ÄLTER
SORGT EUCH NICHT!

21. MÄRZ 2019

DER PÄDAGOGISCHE IST-ZUSTAND

JJK: Erziehung nach dem Motto „Jeder, der die Eltern nicht ehrt, ist der Schläge wert!" oder „Ein Indianer kennt keinen Schmerz!" sind genauso verkehrt wie heute die „Wohlfühlpädagogik", wobei sich Eltern oder Lehrer den Kindern nichts mehr zu sagen getrauen.

Dadurch wächst eine orientierungslose Generation heran, die weder ihre Rechte noch Pflichten kennt. Kaum belastbar, brechen sie zusammen, wenn ihr Smartphone nicht mehr funktioniert, wenn der Akku leer ist. Kinder werden Egomanen, Eltern und Lehrer schweigen, da sie nicht in die vermeintliche Freiheit des Kindes eingreifen wollen.

Das ist die andere Seite einer unausgereiften Pädagogik und ist von den Links-Grünen-Erziehungsvorstellungen dominiert. Gendern und frühkindliche Sexualisierung besorgen dann den Rest.

Sigmund Freud, Tiefenpsychologe (1856–1939):

„Kinder, die sexuell stimuliert werden, sind nicht mehr erziehungsfähig. Die Zerstörung der Scham bewirkt eine Enthemmung auf allen anderen Gebieten, eine Brutalität und Missachtung der Persönlichkeit der Mitmenschen." [14]

So werden aus hochveranlagten Indigo- und Kristallkindern kranke Persönlichkeiten, weich gespülte Menschen, die nichts mehr ertragen können, die jede Anstrengungen vermeiden und schon in sehr jungen Jahren zu Greisen mutieren.

Weitere Beispiele, die in die falsche Richtung zeigen:
a) In die Schule gehen? Nein, du wirst geführt.
b) Computerzeiten regeln? Nein, das könnte ja die Freiheit des Kindes einschränken – es weiß ja selbst, was es will!
c) Geregelte Bettzeiten? Nein, es weiß ja am besten selbst, wann es müde wird.
d) Angeordnete Heimkomm-Zeiten? Von wegen, mein Kind soll soziale Kontakte aufbauen können.
e) Mithilfe im Haushalt (Tisch decken, Boden aufwischen, Geschirrspüler ein- oder ausräumen, Einkäufe tätigen, im Garten mithelfen oder eigenes Zimmer aufräumen)? Nein, zu anstrengend, Kinderarbeit ist unmenschlich und meinem Kind nicht zumutbar.

Diese Liste lässt sich beliebig fortsetzen und zeigt auf welcher gefährlichen Reise sich diese Pädagogik befindet.

Von 2004 bis 2017 stieg der Anteil der Untauglichen an der stellungspflichtigen männlichen Bevölkerung in Österreich von 17 auf über 26 Prozent – die Meisten waren wegen psychischer Probleme untauglich - die jungen Männer sind kaum belastbar, asozial oder haben, aus Mangel an körperlicher Bewegung, Übergewicht!

Meine Frage ist nun: Wohin geht die Reise wirklich? Werden hier Milliarden von hochveranlagten Kindern durch Computer- und Smartphone-Technologie und einem Umfeld, dass das fördert und unterstützt, davon abgehalten, ihre tatsächlichen Fähigkeiten zu entwickeln?

Hellsehen, Hellfühlen, Hellhören, Hellspüren - kein Thema mehr, da alle den Blick auf das Tablet heften und bei Rot über die Ampel gehen. Wohin führt das, wenn eine ganze Generation von LIKES abhängig ist - abstumpft - und am Ende gar verdummt?

ERZENGEL METATRON: Ich bin das Licht, die Kraft der Liebe in allen Menschen. Ich bin bei dir, Jahn, und ich bin bei dir, geliebter Mensch, der du dieser Übermittlung jetzt folgst.

Betrachten wir die Gesamtsituation und den IST-ZUSTAND, in dem sich die nächste Generation befindet, und in welche Umgebung diese eingebettet ist.

Deine Bestandsaufnahme und deine Beobachtungen sind zutreffend.

Die bisherigen dunklen Herrscher auf dieser Erde stellen den Kindern alles zur Verfügung, damit sie sich zu Konsumsklaven, zu Abhängigen der Matrix und zu kritiklosen Menschen, die alles hinnehmen, entwickeln.

Das globale Netz von elektromagnetischer Beeinflussung und die gesellschaftlichen Vorgaben lassen wenig Raum für Entwicklung. So werden die Menschen gesteuert und viele verfehlen Weg und Ziel.

Warum wird das zugelassen? Warum ist es, wie es ist?

DER GROSSE PLAN

Dies folgt dem großen Plan. Es geht darum, dass ein Punkt des Schmerzes und der Unerträglichkeit erreicht wird, an dem eine Abkehr und Umkehr möglich werden.

JJK: Aber ist es dann nicht schon zu spät? Viele können ja gar nicht mehr aussteigen. Im Gespräch für dieses Buch mit BABAJI über „5G, Bargeldverbot, RFID-Chip" habe ich das angesprochen und es bewegt mich wieder. Gibt es ein Entrinnen, da die meisten jungen Menschen zu wahren „Technologie-Sklaven" mutieren und gar nicht bemerken, wie und wodurch sie manipuliert werden.

ERZENGEL METATRON: Sie werden es bemerken, wenn es diese Technologie nicht mehr gibt!
Dieser Moment wurde euch angekündigt und dieser Augenblick wird schlagartig alles verändern.
Worum es heute geht, ist, dass ein jeder Mensch, der mit diesen Zuständen hadert und diese nicht hinnehmen möchte, den großen Plan dahinter erkennt. Denn seid euch gewiss:

Alle Menschen willigen in die Geburt ein und alle Menschen haben exakt das gewählt, was sie jetzt vorfinden.

JJK: Was kann der Einzelne tun, um diesen Kindern zu helfen. Wie können wir – trotz des Drucks des Systems, das die Kinder von der Kinderkrippe bis zur Universität durchprogrammieren möchte – bessere Schulen erschaffen und neue Wege gehen? Es ist für viele ein Kampf gegen Windmühlen, wenn sie sich durch die Instanzen der Behörden Gehör verschaffen wollen.

ERZENGEL METATRON: Jede Aktivität, die das Wohl des Kindes fördert, die dem Kinde wahre Wertschätzung und Achtung entgegenbringt, ist ein Samen, der in der Zukunft aufgehen wird. Manche Samen gedeihen schneller, andere wiederum benötigen mehr oder gar viel Zeit.

KEINE AKTIVITÄT IST VERGEBLICH!

Deshalb ermutige ich einen jeden Menschen dazu, gleich wie die Lage auf der Erde auch ist, gleich wie sich die Dinge auf allen Feldern zuspitzen, seinen Weg zu gehen und das zu tun, was getan werden muss.

Es ist unerheblich, ob ihr eure Ernte bei Lebzeiten einfahrt, von Bedeutung ist allein, dass ihr das, was ihr den Menschen schenken könnt, auch darbringt.

JJK: Welche Schule und welche Begleitung von Kindern sind aus spiritueller Sicht die richtige oder optimale?

ERZENGEL METATRON: Schulen, in denen das Lernen nicht als Muss oder Zwang, sondern mit Freude erlebt wird – dafür ist es notwendig, das richtige Umfeld zu schaffen. Es braucht reife Lehrer und reife Schüler. Kinder sind von Natur aus neugierig und voller Kreativität – diese zu fördern, ist Aufgabe von Schulen, und nicht sie dabei zu blockieren.

Heute pendeln die Schulsysteme weltweit zwischen zwei Extremen: Einerseits wird das konforme Lernen, das Abfragen von vorgegebenem Wissen zur Maxime erhoben, und andererseits herrscht falsch interpretierte „Freiheit", wobei die Kinder mehr sich selbst überlassen werden, als dass sie von reifen Erwachsenen eine förderliche Begleitung erfahren.

Was du eingangs beschrieben hast, trifft auf die zweite Gruppe zu - während Kinder, die ständig Vorgekautes wiedergeben, ihre ganze Kreativität einbüßen und zu perfekten Trägern dieses Systems werden.

JJK: Der Begriff „Bulimie-Lernen“ hat sich etabliert, wobei die Schüler nur noch für Prüfungen das Verlangte ausspucken. Ich habe einmal einen Maturanten gefragt, was er sich von der Schule gemerkt hat. Die Antwort war: „Ich bin gerade dabei, es so schnell wie möglich wieder zu vergessen.“ Viele werfen die Schulhefte mit Genuss weg oder verbrennen sie nach den geleisteten Prüfungen.

Andererseits habe ich zwei Volksschüler nach den Ferien gefragt, ob sie froh sind, wieder in der Schule zu sein. Die Antwort war - für mich echt überraschend - ein lautes und freudiges JA. „Die Ferien waren viel zu lang“, sagten mir die zwei 7-Jährigen.

Es gibt sie also doch - Lehrer und Schulen - wo es anders läuft?

ERZENGEL METATRON: Alles existiert und ein jeder Mensch wird in dieses Umfeld eingespeist, in dem er seine spezifischen Erfahrungen machen und seinen Platz einnehmen kann.

JJK: Ich habe oft den Eindruck, dass viele Kinder sich verlieren, sie machen einen Umweg und finden so gar nicht zu ihrem Lebenssinn? Sie vergeuden ihre „Talente"?

ERZENGEL METATRON: Auch dies ist weitverbreitet und es ist dennoch der freie Wille jedes Einzelnen, der am Ende den Ausschlag für alles gibt.

DIE VERANTWORTUNG DES KINDES

Wer nicht vom System absorbiert werden möchte, der wird es auch nicht! Hier spielt der freie Wille des einzelnen Menschen eine bedeutende Rolle – und selbst hoch veranlagte Kinder wählen manchmal einen ganz anderen Weg.

Für Eltern ist es oft schwer, dies nachzuvollziehen. Doch seid euch bewusst: Jedes Kind entscheidet ab dem Moment, ab dem es sich selbst als ICH wahrnimmt, welchen Weg es einschlägt. Die Beeinflussungen des Umfeldes wirken sich immer aus, doch es gibt immer Wege, diesen zu entkommen und frei zu werden. Wer das innerlich wirklich möchte, findet diesen Weg.

JJK: Was aber ist mit Kindern, die in großer Armut geboren wurden oder die in einem gewalttätigen Umfeld aufwachsen, bei Dschihadisten-Eltern zum Beispiel, oder in Regionen, in denen seit Jahrzehnten Krieg herrscht – wie in Afghanistan. Welchen Sinn machen diese Leben, wäre es nicht besser, diese Kinder wären niemals geboren worden?

ERZENGEL METATRON: Aus menschlicher Sicht ist es verständlich, diese Fragen aufzuwerfen. Aus übergeordneter Sicht erfüllen diese Leben genauso ihren Sinn, wie jedes Leben einen Sinn erfüllt. Auch Umwege eines Menschen haben einen Wert.

Was die von dir beschriebenen Umstände von Armut und Gewalt betrifft, haben diese Seelen dies für sich so gewählt und entschieden. Dabei wird Karma erlöst und neues Karma erschaffen. Jüngere Seelen erproben sich auf dieser Welt – und das mitten auf den Schlachtfeldern dieser Welt. Das ist die Dichte der dritten Dimension und es ist das dunkle Kapitel der Menschheit, das auf dieser Ebene fortgeschrieben wird. Deshalb kommt dem Aufstieg eine so große Bedeutung zu.

FINDET DER AUFSTIEG WIRKLICH STATT?

Aufzusteigen heißt, auszusteigen aus dieser von Dramen beherrschten Welt und der von Blut getränkten Erde.

Darum geht es heute für jeden Einzelnen und deshalb ist es richtig und wichtig, alle Anstrengungen dafür zu unternehmen.

Ihr könnt das Übel, das sich Menschen antun, nur indem bannen, indem ihr euch selbst von allem Übel befreit – jeder Einzelne für sich, Familien für sich, Gemeinden für sich, Länder für sich, Kontinente für sich – bis die ganze Erde davon erfasst ist.

JJK: Werden destruktive Menschen auch aufsteigen können – oder werden sehr viele weiter in Teerstiefeln auf dieser Erde bleiben?

ERZENGEL METATRON: Jeder, der in einem einzigen Augenblick die Wahrheit erkennt, wird eingehen in das Reich Gottes. Was davor geschah oder war, ist dann unbedeutend. Hier geht es um die ganze Wahrheit – und dies zu erkennen, ist wenigen möglich. Daher werden sehr viele Menschenseelen weiter auf dieser Ebene ihre Erfahrungen suchen.

JJK: Ich habe oft den Eindruck, dass alles schlechter und nicht besser wird! Findet der Aufstieg wirklich statt?

ERZENGEL METATRON: Es sind die Geburtswehen der Erde, die jetzt stattfinden – und ein erheblicher Teil der menschlichen Gesellschaft will das nicht wahrhaben.

Der Aufstieg findet jetzt statt und er findet vor euren Augen statt. Es ist das Mysterium, dass es schlechter zu werden scheint. In Wahrheit jedoch werden entscheidende Entwicklungen in Richtung LICHT bewirkt.

Es kommt nicht auf die Masse von Menschen, sondern auf die Klasse von Einzelnen an.

JJK: Ich möchte nochmals auf die Kinder zurückkommen. Was können wir Lehrern und Eltern anraten – Lehrern, die im Schulsystem gefangen sind, und Eltern, die sehen, wie ihre Kinder von der Matrix übernommen werden und nicht mehr eigenständig denken können. Hier geht das Schwert längst mitten durch die Familien. Kinder sehen in den Eltern „Verschwörungstheoretiker" oder umgekehrt!

ERZENGEL METATRON: Ein jeder Mensch macht alles richtig, sobald er das, was er hat, aus reinem und vollem Herzen gibt. Hier gibt es kein FALSCH. Beachtet bitte Folgendes:

KARMA, AUFTRÄGE, BEWUSSTSEIN

Eure Kinder gehen ihren eigenen Weg, so, wie ihr euren eigenen Weg geht. Es liegt im Ermessen des einzelnen Menschen, wie, wann und wodurch er „seinen Weg" findet.

Folgende drei Faktoren wirken sich aus:

- das Karma,
- die Aufträge und
- das Bewusstsein.

Nach diesen Kriterien lebt und entfaltet sich ein Mensch auf der Erde:

- Welches Karma wird erlöst oder erschaffen?
- Welche Aufträge liegen der Geburt zugrunde? Entweder werden sie erfüllt oder verleugnet – was auch eine wertvolle Erfahrung darstellen kann.
- Welches Bewusstsein beseelt einen Menschen? Mit wie vielen Talenten ist ein Mensch ausgestattet und vermag er das zu erkennen?

Danach richtet sich das ganze Leben aus. Dabei spielen Lehrer und Eltern die Rolle des Begleiters, des Förderers und Unterstützers.

Entscheidungen jedoch werden von jedem Menschen selbst getroffen – auch von Kindern, die ihrem Alter gemäß eigenverantwortlich sind.

JJK: Ich habe bei meinen Kindern gemerkt, dass etwa ab dem 3. Lebensjahr die Wahrnehmung des ICH-BEWUSSTSEINS eintritt und sie erkennen sich im Spiegel. Ist ein Kind ab dann für sich selbst verantwortlich?

ERZENGEL METATRON: In dem Maße, wie es sich selbst erkennt, wächst auch die Eigenverantwortung. Das bedeutet, sobald ein Mensch erkennt, dass seine Handlungen Auswirkungen haben und Reaktionen nach sich ziehen, steht er in der Selbstverantwortung. Dies ist bei Kindern und Erwachsenen gleichermaßen vorhanden – nur die Themen und die Größenordnungen sind andere.

JJK: Es heißt in einigen mir übermittelten Botschaften, dass Kinder ab dem 14. Lebensjahr ganz für sich selbst verantwortlich sind. Ist dieses Alter unserer Zeit geschuldet oder war dies schon immer so?

3000 JAHRE UND ÄLTER

ERZENGEL METATRON: Dies wird daran ermessen, wie lange die Lebenserwartung eines Menschen grundsätzlich ist. In Zeiten, in denen ein Mensch 3000 Jahre alt und noch älter wurde, dauerte die Kindheit und Jungendzeit 250 Jahre. Nachdem die Menschen sehr kurze Leben von kaum 40–50 Jahren erreicht hatten, gelangten sie bereits mit 12 Jahren in das Erwachsenenalter.

Obwohl diese zwei Extreme nicht miteinander zu vergleichen sind, dient diese Darstellung dafür, um zu verstehen, warum heute das 14. Lebensjahr eine bedeutende Wegmarkierung darstellt. Alle 7 Jahre regeneriert ein Mensch auf zellularer Basis. Somit ist die 14 auch in diesem Sinne bedeutend. Etwas Neues kann beginnen.

Menschen, die auf einer licht- und liebevollen Welt 3000 Jahre verbringen, haben die Möglichkeit, in einem Leben Erleuchtung zu erlangen. Kurze Leben dienen meist dafür, um sehr extreme Erfahrungen in einer dichten Ebene des Seins zu machen.

Jetzt geht eure Reise zurück in die Göttlichkeit und auch euer irdischer Aufenthalt wird länger und länger. Dabei werdet ihr das Wissen dafür erhalten, euren Körper – so lange ihr es wünscht – gesund und jung zu halten. Alterungsprozesse sind an die Schwingung eines Planeten geknüpft. Sobald sich die Schwingung erhöht, verzögert sich die Alterung – dahin führt der Weg jene, die dafür bereit sind.

JJK: Ich fühle, das Gespräch klingt aus. Gibt es etwas, was du allen Menschen, die dieser Übermittlung folgen, ans oder in das Herz legen möchtest?

SORGT EUCH NICHT!

ERZENGEL METATRON: ***Sorgt euch nicht! Weder diese Matrix noch die dunklen Herrscher derselben können***

euch vom Weg des Lichts und der Liebe abbringen, so ihr diesen Weg beherzt und mit ganzer Kraft geht.

Du genießt den Schutz Gottes, du erhältst alles, was du für deine Entfaltung benötigst. Allein deine Bereitschaft, dich für das Licht zu öffnen – damit die ganze Wahrheit, wie ein frischer Sommerwind in dein Herz strömen kann – ist von Bedeutung.

Eure Kinder sind die Kinder Gottes und sie gehen als eigene Geschöpfe und selbstbewusste Menschen ihren eigenen Weg – hin zu Gott oder hinweg von Gott.

Liebt eure Kinder, gebt ihnen ein lebendiges Beispiel von gelebter Wahrhaftigkeit und Authentizität, alles Weitere obliegt deren Ermessen.

Ob sie Gefangene der Matrix sind oder ob sie das Spiel durchschauen und sich davon emanzipieren, ist eine Wahl, die nur sie selbst treffen können und treffen werden. Eine Entscheidung, die von dir verlangt ist und von deinen Kindern gefordert wird – Tag für Tag.

Die Umstände, in die ihr hineingeboren seid, sind die der dritten Dimension des Seins. Es gab solche und solche Zeiten. Die Herausforderung, diese Ebene zu transzendieren, bestand immer darin, das Spiel zu durchschauen.

Alle Zeitalter bargen Möglichkeiten zur Erleuchtung – zum Aufstieg.

Dieses heutige Zeitalter bietet dafür jedoch die besten Voraussetzungen, da der Lichtzufluss aus dem Zentrum des Seins optimale Voraussetzungen zum Erwachen schafft.

Das Faszinierende für einen Engel aus dem Licht, der sich auf die Reise zur Erde begibt, ist, den Traum des Lebens als Mensch zu träumen und eines Tages aufzuwachen.

Wer den Willen aufbringt, diese Ebene zu transzendieren, bringt ihn unter allen Umständen und in jeder Epoche auf.

Es gibt kein dauerhaftes Hindernis für jemanden, der den Aufstieg gewählt hat. Denn wahrlich: Wer in das Königreich Gottes zurückkehren möchte, der weiß um die Antwort, so ihm die ganze Erde und die Macht der Welt zu Füßen gelegt werden.

Ich bin ERZENGEL METATRON
Ewiglich als Licht und Liebe bei euch.

Lösungen zu suchen,
anstatt Probleme zu wälzen,
das ist der Weg des Glücks
für jeden Menschen.

SAI BABA

DU BIST GOTT

GESPRÄCH MIT
SAI BABA

DER LEITFADEN DES GOLDENEN ZEITALTERS
DIE EIGENE BESTIMMUNG HERAUSFINDEN
WEGSCHAUEN HEISST, OHNE LIEBE FÜR SICH SELBST ZU SEIN

22. MÄRZ 2019

DER LEITFADEN DES GOLDENEN ZEITALTERS

*„Denn **wer sich nicht selbst ansieht**, wer immer die Schuld bei anderen sieht, wer nur nach Problemen, nicht aber nach Lösungen sucht, der **schafft sich genau die Welt, die zu diesen negativen Erwartungen passt.** Denn die Welt ist völlig plastisch – sie passt sich genau an das an, was du denkst und erwartest.*

***Du bist Gott** – wird der Leitfaden des Goldenen Zeitalters sein. Das besagt nichts anderes, als dass du mit deinem Denken genau das schaffst, was du anschließend erlebst.*

So mächtig bist du – selbst dann, wenn du arm und hilflos als Clochard unter einer Brücke vegetierst, denn du hast dir diese Existenz geschaffen – kein anderer als du, durch dein Denken, durch deine Erwartungen, durch deine Ziele, durch deine unbewussten Programme.

Im Grunde könnte das Erziehungsbuch hier bereits aufhören, denn es ist alles gesagt:

Werde dir deiner unglaublichen Macht bewusst, schreibe klare, positive Ziele genau auf – und gib dieses Wissen an deine Kinder weiter, dann schaffst du für dich, für sie und für viele Menschen, die mit dir in Berührung kommen, ein erfülltes Leben.“
Aus: „Sai Baba spricht über Erziehung“ [15]

JJK: Im gestrigen Gespräch mit ERZENGEL METATRON waren die Kinder das Thema. Heute nach dem Aufwachen greife ich zum oben genannten Buch und ich schlage ganz spontan die zitierte Stelle auf.

Jetzt stelle ich mir, bezugnehmend auf die gestrige Botschaft *„Wohlfühlpädagogik oder ein Indianer kennt keinen Schmerz"*, die Frage, wie viele unbewusste Programme haben die Menschen laufen, da es so viel Elend und Armut gibt?

„Du bist Gott" ist wohl die mächtigste Wahrheit, doch wie können wir uns, Erwachsene wie Kinder, dieser Wahrheit nähern, sie völlig absorbieren, bis sie ganz von uns Besitz ergreift – und vor allem, ohne dabei verrückt zu werden, anmaßend zu sein oder in die Selbstgefälligkeit zu verfallen?

SAI BABA: Ich bin bei dir, ich bin bei euch, geliebte Menschen. Du bist Gott – das bist du auch dann, wenn du davon keine Kenntnis besitzt. Denn alles geht von dir aus.

Unglück kann dein Schatten sein, Glück dein Licht – es ist die Frage, was du wählst.

Deshalb ist es von größter Bedeutung, die unbewussten Programmierungen aufzuspüren, sie zu löschen oder zu überschreiben.

Deshalb wird unentwegt darauf hingewiesen, wie wichtig die Transformations- und Erkenntnisarbeit jetzt ist. Dies gilt für Erwachsene wie auch für Kinder, die genauso in ihrer Verantwortung stehen.

Erarbeitest du dir die Erkenntnis, dass du Gott bist, dann besteht absolut keine Gefahr für Größenwahn oder dergleichen mehr. *„Du bist Gott“* ist eine Erkenntnis, die in der Stille gedeiht und die du nach und nach verinnerlichst.

Du wächst mit der Aufgabe, bis du sie ganz verstanden, begriffen und verinnerlicht hast. Ein Erleuchteter ist Gott und seine Präsenz lässt keinen Zweifel daran. Ein nicht Erleuchteter kann sagen, er sei Gott, es ist aber nicht mehr als ein Lippenbekenntnis.

Sucht bei allem, was ihr anstrebt, immer nach Lösungen und verweilt nicht bei Problemen. Es ist eine Sucht des Menschen, Probleme zu wälzen, anstatt sich um Lösungen zu bemühen.

Die richtige Vorgangsweise ist: Probleme zu erkennen, sich nicht mehr damit aufzuhalten und Lösungen anzustreben. Das bringt immer Erfolg. Immer! Auch die Erleuchtung wird dadurch erlangt und nicht, indem ihr lange bei „Fehlern“ oder Irrtümern verweilt.

DIE EIGENE BESTIMMUNG HERAUSFINDEN

JJK: Ich las dann auch noch dies:
„Wer sich nicht um die ewig gültigen Wahrheiten des Lebens kümmert, der kümmert sich nicht um seine wahre Bestimmung. Wer sich nicht um seine wahre Bestimmung kümmert, kümmert sich nicht um sich. Und wer sich nicht um sich kümmert, verliert sich. Dies ist Verrat an der menschlichen Bestimmung. Denn es geht nicht allein darum, dass du dich um dich kümmerst, also um dein leibliches Wohl bemühst, sondern auch darum, herauszufinden, was deine Aufgabe als Mensch ist."
Aus: „Sai Baba spricht über Erziehung" [16]

Meine Beobachtung ist, dass sich fast kein Mensch darum kümmert, was seine Bestimmung ist. Die meisten leben in den Tag hinein und sind einer spirituellen Wahrnehmung des Lebens so fern wie der Mond von der Erde. Welche Menschen werden von solchen Botschaften erreicht?

SAI BABA: Die Wahrnehmung der eigenen Bestimmung ist die Grundvoraussetzung für ein geglücktes Leben. Diese Wahrnehmung muss voll bewusst sein, erst dann kann ein Mensch die ganze Kraft daraus schöpfen. Für diese Erkenntnis ist es notwendig, die angesprochenen Programmierungen zu löschen. Die menschliche Seele muss von den Blockaden freigelegt werden, damit der

Blick auf das, was wirklich ist, möglich ist – und genau diesen Weg wollen die meisten Menschen vermeiden.

Merket wohl: Die größten Irrtümer und Probleme entstehen durch das Wegschauen des Menschen.

Wer wegblickt, wer seine eigenen Schmerzen, Verwundungen und Blockaden negiert, der leidet wahre Armut, denn dieser Mensch findet niemals zu sich selbst.

WEGSCHAUEN HEISST OHNE LIEBE FÜR SICH SELBST ZU SEIN

Dieses lieblose Verhalten, sich selbst gegenüber, ist heute weitverbreitet. Es ist zugleich die Ursache, dass die ganze Menschheit in ein liebloses Verhalten abgedriftet ist.

Die Liebe, die du dir selbst vorenthältst, kannst du auch niemand anderem geben.

Das „Goldene Kalb" des Unwissens wird gestürzt, indem dem einzelnen Menschen seine Lieblosigkeit auf der Bühne der Welt gespiegelt wird. Dies erzeugt einen Schmerz und der Mensch öffnet die Augen für das Wahre und Schöne – für das Göttliche und Ewige.

Wen erreicht diese Botschaft? Die, die bereit sind, ihr Herz ein wenig zu öffnen. Wen berührt diese Botschaft? Die, die den Punkt der Umkehr erreicht haben.

Sind es viele? So viele, wie jetzt gebraucht werden, um die Transformationsprozesse auf der Erde insgesamt anzufeuern. Es ist das kosmische Feuer, das es jetzt braucht, um die Reinigungen auf allen Ebenen zu bewirken.

JJK: Das heißt, Eltern können niemals zu früh damit anfangen, bei ihren Kindern die Bedeutung der Lebensbestimmung ins Licht zu rücken?

SAI BABA: ***Es ist niemals zu früh, nach der Wahrheit zu suchen. Es ist jedoch meist zu spät, dann – wenn die Gelegenheiten versäumt wurden – danach zu fragen.***

Gelegenheiten kommen wieder und Umwege sind oft notwendig, jedoch wer hinschaut, anstatt wegzublicken, der geht den direkten Weg.

Lösungen zu suchen, anstatt Probleme zu wälzen, das ist der Weg des Glücks für jeden Menschen.

DU BIST GOTT wissentlich, wenn dein geklärtes Bewusstsein Göttliches manifestiert.

DU BIST GOTT unwissentlich, wenn deine unbewussten inneren Programmierungen deine Realität gestalten.

Deine Macht könnte nicht größer sein!

Ich bin SAI BABA
Ich liebe dich unendlich.

Das letzte Fenster der
Gelegenheit öffnet sich.

SANANDA

FRÜHSOMMER UND SPÄTHERBST 2019

GESPRÄCH MIT
SANANDA

ENERGIEWELLEN AUS DER ZENTRALEN SONNE WERDEN STÄRKER!
DAS LETZTE FENSTER DER GELEGENHEITEN ÖFFNET SICH
WIE EIN FROSCH IM HEISSEN WASSER
RICHTIG UND FALSCH
ERNTEREIF WERDEN

24. MÄRZ 2019

ENERGIEWELLEN AUS DER ZENTRALEN SONNE WERDEN STÄRKER!

JJK: Was ist es, das ich wahrnehme? Ich bin innerlich unruhig, so, als ob etwas bevorsteht, ohne dass ich weiß was und wann? Ist das auf mein eigenes Leben bezogen oder auf die ganze Menschheit?

SANANDA: Sowohl als auch! Denn wenn sich für die ganze Menschheit die Lebensumstände verändern, verändern sie sich auch für dich.

JJK: Was ist es? Was kommt auf uns zu?

SANANDA: Energiewellen, Lichtmanifestationen – von einer Kraft, Macht und Größe, wie es sie bisher nicht gab.

Dies baut sich jetzt Tag für Tag auf und findet seinen ersten Höhepunkt im Frühsommer 2019 und dann die zweite Etappe im Spätherbst 2019.

JJK: Das heißt, die Energiewellen aus der Zentralen Sonne steigern sich auf eine für die ganze Menschheit wahrnehmbare Weise?

DAS LETZTE FENSTER DER GELEGENHEITEN ÖFFNET SICH

SANANDA: Es steigert sich so, dass dies von immer mehr Menschen wahrgenommen werden kann. Auf diese Art werden immer mehr Menschen in das Boot des Aufstiegs geholt und viele besteigen den Zug ins Licht. Worum es bei alledem geht, ist: ***Das letzte Fenster der Gelegenheit öffnet sich.***

Was du empfindest, diese innere Unruhe, nehmen heute viele Menschen, die sensitiv sind, wahr. Seher kennen die Ursache, Menschen wie du ahnen den Grund oder versuchen diesen aufzuspüren. Die meisten Menschen können ihre innere Unruhe nicht deuten oder treffen falsche Zuordnungen. Es sind die Auswirkungen der Transformationsenergie, die der Erde von der Zentralen Sonne zufließt.

Auch das Chaos, das derzeit auf weltpolitischer Bühne herrscht und das manche Politiker ordnen, andere wiederum aufrechterhalten wollen, ist dadurch zu erklären.

Der innere Umbau des Menschen und der äußere Umbau der ganzen menschlichen Gesellschaft sind im Gange.

Das Ziel der geistigen Ebenen des Lichts ist es, die Menschheit so weit zu begleiten, sodass traumatische Verwerfungen, die erneute Karma-Ketten nach sich ziehen, so weit als möglich vermieden werden. Deshalb ziehen sich manche Prozesse in die Länge und es wurde manches, was euch angekündigt wurde, aufgeschoben.

WIE EIN FROSCH IM HEISSEN WASSER

JJK: Erklärt das mein Gefühl, dass die Menschheit – wie ein Frosch im heißen Wasser – langsam gekocht wird, ohne dass sie es bemerkt. Ich denke dabei an die vielen Abhängigkeiten und Manipulationen, wie im Gespräch mit MAHAVATAR BABAJI erwähnt. Immer tiefer sollen die Menschen in die Sucht nach technischen Errungenschaften einsteigen, sie werden zu Bio-Robotern umgebaut und sie merken es gar nicht – womöglich erst, wenn es zu spät ist.

SANANDA: Dieser Vorgang muss sich auf diese Weise abspielen, damit der einzelne Mensch bestimmte Erfahrungen machen und bestimmte Entscheidungen treffen kann. Dass sich, wie in mancher Botschaft offenbart, alles noch zuspitzen wird, liegt daran, dass der Kelch des Leidens bis zum Boden geleert werden muss.

Ehe das Goldene Zeitalter anbrechen kann, müssen sich Abgründe auftun, damit der Mensch überhaupt wählen kann.

Jene, die tief und fest schlafen, erhalten dadurch eine Gelegenheit zum Aufwachen. Dunkle als auch lichte Erfahrungen werden von einem Menschen voll ausgekostet. Es gibt keinen Unterschied dabei, ob ein menschliches Drama oder etwas Göttliches erlebt wird – beides wird immer voll und ganz erfahren. Erst dann ist es gelebt und der Mensch kann sich frei für einen Weg entscheiden.

JJK: Wird der Frosch rechtzeitig aus dem Wasser springen?

SANANDA: Wir, eure spirituelle Familie aus dem Licht, setzen alles daran, dass so viele Menschen wie möglich aus dem Wasser springen. Wir sehen darin die Gelegenheit für großes Wachstum von sehr vielen Menschen. Es wird alles dafür unternommen und dennoch werden sehr viele NEIN sagen – wenn ein JA benötigt ist – oder JA sagen, wenn ein NEIN notwendig wäre.

RICHTIG UND FALSCH

JJK: Die Unterscheidungskraft – wie diese schärfen, sodass die Menschen Falsches und Richtiges erkennen und falsche von wahren Propheten unterscheiden können. Oder gibt es grundsätzlich – wie es manche spirituelle Schulen aussagen – gar kein „Falsch" oder „Richtig"?

SANANDA: Falsch ist alles, was entgegen der eigenen Entfaltung und entgegen dem Sinn des Lebens läuft. Richtig ist alles, was im Sinne des Seelenplans des einzelnen Menschen oder eines ganzen Planeten geschieht.

Dramen sind und waren oft Teil von Verabredungen. Heute ist für viele Menschen das Maß an Dramen voll. Jedoch viele Menschen kurbeln immer noch am Rad des Karmas und setzen somit ihre Reise fort. Unwissend und unbewusst erzeugen sie in einer Zeit der Gnade und der Erlösung weitere Karma-Schleifen und Verstrickungen.

Genau dies versuchen die geistigen Lichtebenen des Seins, eure Geschwister aus dem Licht, so weit wie möglich abzumildern. Es sollen so viele Menschen wie möglich erntereif werden.

ERNTEREIF WERDEN

JJK: „Erntereif" wofür?

SANANDA: Für die 4. oder 5. Dimension des Lichts, der lichteren Ebenen des Seins.

JJK: Wird diese meine innere Unruhe noch länger andauern?

SANANDA: Wie Wellen, die kommen und gehen, ereignet sich dies in deinem Inneren.

Die Tage, die bestimmte Pläne der dunklen Herrscher durchkreuzen und für immer zunichtemachen, sind nahe. Seid euch gewiss: Was geschehen muss, wird geschehen!

Und seid euch gewiss: Die beste Vorbereitung darauf ist die eigene „Innenschau“. Denn ***je lichter eure Seele ist, desto leichter ist es für euch, das Kommende zu begrüßen – anstatt sich davor zu fürchten.***

Ich bin bei euch und ich bleibe mit einer unendlichen Schar von Lichtwesen unter euch.

Ich bin SANANDA

Mit der Klimaangst werden Legionen der kalten Rasse energetisch gefüttert und deren Brieftaschen gefüllt.

MEISTER ST. GERMAIN

GRETA UND DIE KLIMA-HYSTERIE

GESPRÄCH MIT

MEISTER ST. GERMAIN

EISBÄREN LEBEN NICHT VOM EIS LUTSCHEN
GRETA MACHT ANGST
WAS LÄUFT WIRKLICH AB?
WARUM GLAUBEN KLUGE MENSCHEN
DIESER PROPAGANDA?
DER UNSINN REGIERT
WURDEN DIE MENSCHEN IMMER SCHON
MANIPULIERT?

27. MÄRZ 2019

EISBÄREN LEBEN NICHT VOM EIS LUTSCHEN

JJK: Ende der 1970er- und Anfang der 1980er-Jahre sprachen wir von einer neuen Eiszeit. Heute ist die Klimaerwärmung in aller Munde. Das Klima, das sich in Perioden von tausenden Jahren aufbaut, hat es sich hier ganz kurzfristig anders überlegt. Ich nehme es mit Humor, obwohl es eher zum aus der Haut fahren ist, wie die Menschheit betrogen und verschaukelt wird.
Prof. Dr. Werner Kirstein enthüllt in einem hörenswerten Vortrag, worum es dabei geht, denn Eisbären leben nicht vom Eis lutschen. Hier einige Zitate daraus:
„Das globale Klima ist ein virtuelles Datenmodell, das man auch deswegen, da es ein Datenmodell ist, nicht schützen kann.“ (...)
„Für eine Aussage zum Klima braucht man einen Untersuchungsraum und einen Zeitraum von mindestens 30 Jahren.“ (...)
„Klimaschutz ist ein infantiler Aberglaube und widerspricht der Physik.“ (...)
„Das Klima war nie stabil. Weder in den letzten 1.000 Jahren noch in den letzten 450.000 Jahren.“ (...)
„Die Vorstellung von einem Gleichgewicht in der Natur ist ein grundlegender Irrtum des Ökologismus – Ökosysteme sind immer im Fluss.“ (...)
„Wir brauchen das CO_2 dringend und wir haben heute keinen hohen CO_2-Stand, sondern einen niedrigen.“[17]

GRETA MACHT ANGST

Und jetzt rockt die Schwedin Greta Thunberg das Klima. Die Kassandrarufe der erst 16-Jährigen sollen das Klima retten. Schulschwänzen ist neuerdings nicht nur schick, sondern von den Schulbehörden sogar akzeptiert. Die Weltwoche schreibt in „Wir basteln uns eine Klima-Ikone":

„In der breiten Öffentlichkeit wird ‚Klima-Greta' als Klimaschutzexpertin gefeiert. Recherchen kritischer Medien haben jedoch gezeigt, dass ihr Erfolg weitgehend dem schwedischen PR-Experten Ingmar Rentzhog zu verdanken ist, der über gute Kontakte zu mehreren Propagandaorganisationen verfügt. Vier Tage nachdem Greta ihren Klimastreik begonnen hatte, wurde das Buch ihrer Mutter Malena Ernman (Titel in deutscher Übersetzung: ‚Szenen aus dem Herzen') präsentiert. Am selben Tag postete Rentzhog auf Instagram ein Foto von Greta und schrieb einen langen Artikel auf Facebook. Das löste eine Kettenreaktion in vielen Zeitungen und anderen Medien aus. (...)

Ende Dezember enthüllte das Magazin Samhällsnytt, dass Greta ihre Rede auf der Uno-Klimakonferenz in Kattowitz vor leeren Stühlen gehalten habe, während das staatliche schwedische Fernsehen so tat, als habe sie vor einer großen Zahl begeistert applaudierender Politiker gesprochen. Gretas Mutter Malena Ernman, eine bekannte Sopranistin, bestätigte daraufhin auf Facebook, dass der Umweltschutzaktivist Bo Thorén ihre Tochter angeworben habe. Thorén gehört dem Vorstand des Umweltverbands Fossilfritt Dalsland an und ist ein namhafter Repräsentant der internationalen Umweltbewegung Extinction Rebellion, die seit letztem Herbst auch in Schweden aktiv ist. Diese Bewegung will mit Hilfe von direkten Aktionen und zivilem Ungehorsam eine klimafreundliche Politik erzwingen." [18]

Und „connectiv events" führt unter dem sehr lesenswerten Artikel „Phänomen Greta Thunberg – Jeanne d'Arc der Klimarettung oder Geldmaschine?" weiter aus:
„Es gibt noch eine Klimakämpferin in Schweden, Isabella Nilsson Jarvandi, noch ein Jahr jünger als Greta und aktiv in der schwedischen Gelbwestenbewegung. Sie will auch das Klima retten, die Umwelt beschützen. Aber sie kämpft auch gegen die Globalisierung und den Migrationspakt. Schade. Das geht natürlich nicht. Es passt nicht in die Political Correctness. Da hilft auch nicht, dass sie ein Einwandererkind ist. (...)

Gretas Vater ist der Promotor und kooperiert mit der Firma WeDontHaveTime AB, die ihr Geschäftsmodell mit der Verbindung über das Pariser Abkommen und der Förderung des großen Geschäfts mit Klima-Informationen und höchstwahrscheinlich mit CO_2*-Zertifikaten finanziert.*

Diese „Good Cause Company" WeDontHaveTime AB betreibt PR ausdrücklich für die Pariser Verträge und die CO_2-Agenda zur Klimarettung, die genau diese CO_2-Zertifikate in die Welt gerufen hat. Dass hier mit den CO_2-Zertifikaten und hohen Geldsummen gearbeitet wird, wird unter „How it works" auf der Firmenseite erkennbar." [19]

Nachdem die „unbequeme Wahrheit", US-Vize-Präsident unter Bill Clinton (1993–2001), Al Gore, völlig von der Bildfläche verschwunden ist, da man ihm auf die Schliche gekommen ist, übernehmen jetzt neue Figuren das Steuer beim Klima und dem CO_2-Ablasshandel:
„Umso schockierter reagierte die amerikanische Öffentlichkeit, als bekannt wurde, dass Gores Energieverbrauch in seiner 2,3 Millionen Dollar teuren Villa in Nashville 20 Mal über dem des durchschnittlichen US-Bürgers liegt. Aus Gore, dem Umweltretter, war plötzlich Gore, der Umweltsünder, geworden. Ein konservativer Thinktank in Gores Heimatstaat Tennessee hatte Gores Stromrechnungen eingesehen und herausgefunden, dass der Umweltaktivist in seinem 20-Zimmer-Haus monatlich 16000 Kilowattstunden verbrauchte. Ein durchschnittlicher Haushalt in der Stadt benötigt lediglich 1300 Kilowattstunden pro Monat. Jährlich soll Gore insgesamt 30000 Dollar für Stromrechnungen gezahlt haben." [20]

Aber auch die Winter in unseren Breiten werden strenger und die Eisbären werden wieder mehr.

Und so greift man jetzt zu Kindersoldaten. Wer das Auftreten von „St. Greta“ beobachtet und genauer hinblickt, wird leicht feststellen, dass hier etwas nicht stimmt. Und wie einst Al Gore oder Barack Hussein Obama, soll, um dieser Agenda noch mehr Gewicht zu verleihen, auch Greta Thunberg mit dem Friedensnobelpreis geadelt werden. Spätestens jetzt müssten alle Alarmglocken läuten – tun sie aber nicht – die Menschen schlafen weiter oder gehen dieser Propaganda auf dem Leim.

Eine moralisierende minderjährige Klima-Hysterikerin, *„ich will, dass Ihr in Panik geratet, dass Ihr die Angst spürt, die ich jeden Tag spüre“* [21], der die Argumente fehlen und bei der man eine gewisse psychische Beeinträchtigung wahrnehmen kann, wird von den Mächtigen benutzt. Sie wurde auf das Schild gehoben, um uns allen ein schlechtes Gewissen zu machen, um Angst zu verbreiten und um uns für eine weltweite Klimasteuer weichzuklopfen.

Es ist absehbar wohin das führt.

Jonas Glaser schreibt in seinem sehr lesenswerten Artikel im Compact Magazin: *„Aber Heilige oder Ikonen überzeugen niemals jeden: Immer gibt es Ungläubige, Atheisten, Blasphemiker. Und die schießen zurück. Skrupellos wird eine psychisch instabile Halbwüchsige den Stahlgewittern öffentlicher Diskurse ausgesetzt: den Shitstorms, verbalen Trommelfeuern und Verspottungen.*

Schon Dickhäuter halten diese sogenannte moderne Debattenkultur kaum aus. Hoffen wir, dass Greta Thunberg ihre eigene Opferung übersteht.“ [22]

Meine Frage ist nun: Was wird mit dieser „Klimareligion“, neben einer weltweiten Steuer, noch bezweckt? Wohin geht die Reise und warum lassen sich die Menschen derart täuschen und einlullen? Warum durchschauen so wenige das immer gleiche Spiel von „Tarnen und Täuschen“ und von „Teilen und Herrschen“?

MEISTER ST. GERMAIN: Ich bin auf Erden und mitten bei den Menschen. Ich bin bei dir. Gehen wir diesem Phänomen auf den Grund.

WAS LÄUFT WIRKLICH AB?

Die EINE Weltordnung und die EINE Weltregierung brauchen Themen, die SIE legitimieren kann. Es braucht ein Szenario, das alle Menschen betrifft und in dem sich alle Menschen erkennen. Um dieses Ziel zu erreichen, gilt es ausreichend Angst zu verbreiten.

Das Thema der Erderwärmung mit dem Anstieg der Meeresspiegel eignet sich hervorragend dafür, da dies die ganze Erde betrifft. Dieses Thema und die Art und Weise wie es unter die Menschen gebracht wird sollen der „EINEN Weltregierung" den Weg ebnen. Die dunklen Eliten spielen dafür geschickt mit den Ängsten der Menschen und sie verfügen über alle Kanäle, um diese laufend anzufachen.

JJK: Aber was ist nun wahr? Ich meine für Menschen, die spirituelle Botschaften - wie unser Gespräch - jetzt lesen und die womöglich unsicher sind. Ändert sich jetzt das Klima oder nicht? Stehen wir vor einer Erderwärmung oder vor einer Abkühlung? Was stimmt jetzt?

MEISTER ST. GERMAIN: Wer nur ein klein wenig tiefer blickt und sich mit diesem Thema auseinandersetzt, wird sehr schnell erfahren, dass die Klimaerwärmung nur in den theoretischen Modellen stattfindet. Modelle bringen immer die Ergebnisse hervor, die den Informationen, die eingegeben wurden zugrunde liegen, das heißt, womit der Computer gefüttert wird, damit arbeitet er. Das Resultat kann also immer im Voraus bestimmt werden.

JJK: „Traue keiner Statistik, die du nicht selbst gefälscht hast!", könnte man sagen.

MEISTER ST. GERMAIN: Sprichwörtlich und richtig. Was aber geschieht wirklich auf der Erde? Wir befinden uns im Zyklus des Aufstiegs, das heißt, der Erde fließt eine immense Energie aus der Zentralen Sonne zu. Was sich erhöht, ist die Schwingung, und dies führt zu unterschiedlichen Phänomenen. Mancherorts scheint es kühler zu werden und anderenorts wird es wärmer – ein ganz natürlicher Vorgang, der sich immer wieder wiederholt und wiederholt.

JJK: Das heißt, je nachdem, wo die Messungen stattfinden, könnte man auch eine Abkühlung der Erde diagnostizieren?

MEISTER ST. GERMAIN: Je nach Bedarf, ja!
Die Lichtimpluse aus der Zentralen Sonne, die jetzt auf die Erde treffen, beschleunigen die klimatischen Veränderungen und können von niemandem und durch nichts aufgehalten werden. Zusätzlich verschiebt sich die Erdachse, was für eine weitere Dynamik sorgt. Diese Vorgänge werden so lange anhalten, bis der NULLPUNKT erreicht ist und sich das Magnetfeld der Erde auflöst – es wechseln die Pole und alles ist ANDERS.

Alle klimatischen Beobachtungen, alle Wetterphänomene und die Bewegungen in der Erdkruste sind die Vorbereitungen auf diesen Tag. Die von Menschen gemachte Klimaerwärmung existiert nur in den Köpfen der dunklen Machteliten und ist das Werkzeug zur Verbreitung von Angst und für die Ausübung von Macht.

Mit der Klimaangst werden Legionen der kalten Rasse energetisch gefüttert und deren Brieftaschen gefüllt.

JJK: Also die Menschen in Angst zu halten, damit sie sich dem spirituellen Licht nicht öffnen können, und zugleich jene, die von der Angst leben, zu ernähren!

MEISTER ST. GERMAIN: Ein Plan, der teilweise aufgeht, da sehr viele Menschen den Vorgaben des Systems unreflektiert folgen.

Es ist jedoch völlig unbedeutend, was die Menschheit insgesamt erkennt, sondern von Bedeutung ist die Entfaltung des Einzelnen. Deshalb ist es auch wenig zielführend, fehlgeleitete Menschen, die an diese Klimaversion glauben, überzeugen zu wollen. Wichtig bei allen Prozessen ist allein, dass ihr euch selbst in die Klarheit bringt und dort haltet.

Verliert keine Energien dort, wo ihr auf Unverständnis stößt oder wo euch Feindseligkeit entgegenschlägt.

JJK: Aber sollen wir nicht dort hineinleuchten, wo es finster ist?

MEISTER ST. GERMAIN: Wo es finster ist – JA! Wo sich die Menschen aber erst in die Finsternis begeben wollen, damit sie dieser Erfahrung machen können – dort NEIN. Dieser Kelch muss von jenen, die es betrifft, bis zum Ende geleert werden – und damit hat der Erwachte nichts zu tun.

WARUM GLAUBEN KLUGE MENSCHEN DIESER PROPAGANDA?

JJK: Was mich immer wieder überrascht, ist, dass oft sehr kluge Menschen auf diese Propaganda hereinfallen. Wie ist das möglich?

MEISTER ST. GERMAIN: Unerlöste Themen sind der beste Boden dafür. Wessen Ahnenreihe beispielsweise vom Zweiten Weltkrieg traumatisiert ist, der wird bei jeder „Rechten Bewegung" diese Dämonen sehen und alles daran setzen, diese zu bekämpfen. Generationen irren auf diese Weise umher und sie sind unfähig, die wahren Zusammenhänge und Hintergründe zu erkennen.

JJK: Wir erleben ja gerade den Faschismus in den Machtzentralen der Welt. Die Meinungsfreiheit wird beschnitten, das Bargeld – als letzter Rest von Freiheit – wird abgeschafft und die Politik ist längst eine Symbiose mit der Hochfinanz eingegangen. Dabei glauben die Menschen immer noch, dass sie in einer Demokratie leben.

Der italienische Schriftsteller Ignazio Silone (1900–1978) brachte es auf den Punkt: *„Wenn der Faschismus wiederkehrt, wird er nicht sagen: ‚Ich bin der Faschismus.' Nein, er wird sagen: ‚Ich bin der Antifaschismus.'"*

Die Faschisten und Plutokraten (die Geldherrschaft der politischen Macht) rufen beim geringsten Verdacht „Haltet den Dieb!" und ziehen dann unbemerkt ihr eigenes Spiel skrupellos durch.

MEISTER ST. GERMAIN: Dies sind die Zeichen einer Endzeit, vor der ihr euch nicht zu fürchten braucht, sondern die ihr begrüßen sollt. Denn immer rascher tritt jetzt zutage, was die eigentliche Agenda ist - und die Menschen werden das auch erkennen.

JJK: Warum habe ich immer den Eindruck, dass so wenige Menschen das durchschauen. Ich lebe ja irgendwie auch in meiner eigenen „Echokammer", das heißt, ich bin weitgehend umgeben von aufgeklärten und wachen Menschen.

Wenn ich aber auf die Straße gehe, der „Mehrheit" zusehe oder in einem Kaffeehaus ihren Gesprächen lausche, wird mir anders zumute.

Friedrich von Schiller (1759–1805) sagte: *„Was ist die Mehrheit? Mehrheit ist der Unsinn! Verstand ist stets bei Wenigen nur gewesen."*

Mark Twain (1835–1910) stellte etwas später fest: *„Immer wenn man die Meinung der Mehrheit teilt, ist es Zeit, sich zu besinnen."*

Davon sind wir ja meilenweit entfernt? Der Unsinn der Mehrheit regiert, hat jetzt sogar unsere Kinder erfasst – und kaum jemand besinnt sich.

DER UNSINN REGIERT

MEISTER ST. GERMAIN: Der Prozess des Erwachens ist ein Vorgang, in dem der einzelne Mensch im Zentrum steht. Nicht die Menschheit als Ganzes wird erwachen, sondern einzelne Menschen, Menschengruppen und ganze Regionen, in denen bestimmte Menschen leben. Dies ist ausreichend dafür, dass der Vorgang des Wandels und die Erhebung in eine höhere Dimension des Seins möglich sind. Nicht ein jeder kann einkehren in das Licht, denn viele Menschen habe eine ganz andere „Vorstellung" oder eine andere „Show" gewählt.

JJK: Gibt es überhaupt eine von Menschen gemachte Klimabeeinflussung?

MEISTER ST. GERMAIN: Was ihr beeinflusst, ist die Umwelt! Das Klima gehorcht übergeordneten Prinzipien und unterliegt einem stetigen Wandel. Das ist ein natürlicher und ganz normaler Vorgang. Die Umwelt und eure Lebensbedingungen könnt ihr gestalten – und wie die Menschheit mit der Umwelt, dem lebendigen Planeten Erde verfährt, ist eine große Sünde.

Doch hier zeichnet sich ein bestimmtes Umdenken ab, was sich sehr positiv auf die Transformation der Erde und der Menschen auswirkt.

Auch der Umgang mit euren Geschwistern aus dem Tierreich ist ein großer Missbrauch aus Unwissen und aus einem Mangel an Mitgefühl. Hier gibt es noch sehr viel Bewusstseinsarbeit zu leisten, ehe die göttliche Ordnung wiedererlangt ist.

„Das Essen von Tieren" ist hier grundsätzlich gemeint und im Speziellen ist es „das Essen von Tieren", die unter unvorstellbaren Qualen – verursacht von unbewussten und sich selbst entfremdeten Menschen – den Tod finden.

JJK: Wäre für die „Gretas" der Welt oder für das alte Schlachtross Arnold Schwarzenegger, die sich beide so rührend um das Klima kümmern, wohl nicht besser, wenn sie das Tierleid anprangern, die Umweltverschmutzung durch die Rüstungsindustrie, die elektromagnetische Verstrahlung der Erde (5G), die unterirdischen Atomwaffentests oder die Chemtrails thematisieren würden – oder den Hunger in der Welt?

Wenn ich mir vorstelle, dass alle 5 Sekunden ein Kind unter 10 Jahren den elendigen Hungertod stirbt, wenn ich denke, dass die Reichen immer reicher und die Armen immer ärmer werden, dann gäbe es hier ein breites Feld für Aufregung und Demonstrationen. Da wagt sich keiner dieser „Gutmenschen" in die Nähe – warum?

MEISTER ST. GERMAIN: Die meisten Menschen sind nicht mehr in der Lage, Eigentliches zu durchschauen und Ursächliches zu erkennen. Sie reagieren auf die Informationen, die sie aus der gelenkten Meinungsindustrie erhalten. Sie begegnen einer gleichgeschalteten Vielfalt, die ihnen unterschiedliche Standpunkte suggeriert. Dies erzeugt die Illusion eines Meinungsspektrums. Gewiss, die Menschen können wählen, doch was zur Auswahl steht, bestimmt eine kleine Elite.

Menschen, die an führender Stelle die Propagandawerkzeuge für diese Eliten abgeben, sind entweder direkt ferngesteuert, das heißt, „mind-controlled", oder aber sie haben sich voll bewusst für diese Sache entschieden und sind somit Teil dieser Bestrebungen.

JJK: Mir kommt vor, Greta ist beeinflusst und Klimaindoktriniert und Schwarzenegger, jetzt schon mehr Schatten als er selbst, gehört zum inneren Team der EINEN Weltordnung.

MEISTER ST. GERMAIN: Wesenheiten machen ihre Erfahrungen und erfüllen an dem Platz, der ihnen richtig erscheint – auch wenn sie Karma ansammeln und sich

Irrtümer anhäufen – ihre Aufgaben. Jedem, der einen klaren Blick besitzt, offenbaren sich die Hintergründe deutlich.

JJK: Wie wird das für Greta enden?

MEISTER ST. GERMAIN: Sie wird ihre Rolle spielen, bis diese Rolle unbedeutend ist oder aber neu besetzt wird. Für die inner-seelische Entwicklung ist dies zunächst ein Schritt zurück, da mit dieser Aufgabe sehr viele neue Verstrickungen einhergehen, die eines Tages gelöst und im Lichte Gottes erlöst werden müssen.

WURDEN DIE MENSCHEN IMMER SCHON MANIPULIERT?

JJK: Eine letzte Frage drängt sich mir noch auf: Gab es auf dieser Erde jemals mehr Manipulation als jetzt, da die ganze Menschheit elektromagnetisch (Stichwort: HAARP) bespielt werden kann?

MEISTER ST. GERMAIN: Dies ist die Zeit der Zeiten – mit einmaligen Herausforderungen und einmaligen Gelegenheiten, diese zu meistern. Zu Zeiten vor dem Untergang von Atlantis waren die Macht- und Herrschaftsinstrumente noch weiter ausgeprägt – mit den euch bekannten Folgen.

Viele von euch waren in den damaligen Untergang involviert. Viele von euch erinnern sich daran und wollen dieses Karma jetzt erlösen.

Ihr wollt etwas wiedergutmachen – und es ist diese Zeit, die viele Möglichkeiten dafür erschafft. Denn die Manipulationen sind ähnlich verheerend und könnten zu einem ähnlichen Resultat wie damals führen. Je mehr Menschen also erwachen, desto milder und harmonischer wird der Übertritt in die höhere Oktave des Seins.

Während die Einen auf der nieder schwingenden Ebene verbleiben, können die Anderen unversehrt in körperlicher und geistig-seelischer Einheit in das Licht zurückkehren.

JJK: Heißt das, es gibt wirklich einen physischen Aufstieg?

MEISTER ST. GERMAIN: Es gibt alles im Sein, es ist alles möglich. Für den, der glaubt, für den, der weiß, für den, der Gott liebt, gibt es keine Grenzen. Warum sollte Gott die Kinder, die zu ihm zurückkehren wollen, nicht vor neuen Traumata bewahren?

Verinnerliche bitte dies: Du bist unsterblich!
Dein Wesen zieht sich eines Tages von diesem Körper zurück. Das ist natürlich!

Miss also deinem körperlichen Überleben auf dieser Erde nicht eine übermäßige Bedeutung bei. Du kehrst zurück in das Licht, indem du einen Körper nach dem anderen aufgibst und dich in eine immer feinere Form verwandelst.

Deine Entfaltung und dein Aufstieg sind erst vollkommen, wenn du alle Hüllen abgelegt hast und reines göttliches Bewusstsein geworden bist.

Mit dem Segen des EINEN, ist dir die violette Flamme der Transformation immerdar bereitgestellt.

Ich liebe dich unendlich.

Ich bin MEISTER ST. GERMAIN

EPILOG:

Hier ein wirklich hoffnungsvoller Lichtblick: ***„Kinder protestieren gegen die Handy-Sucht der Eltern“*** *Hamburg-Journal. Samstag, 8. September 2018.*
Die Resonanz ist überwältigend. Offenbar hat der 7-jährige Emil einen Nerv getroffen. „Ich will am Anfang eine Rede halten“, hat Emil sich vorgenommen. Nicht nur viele Kinder, denen die Zuwendung ihrer Eltern fehlt, würden ihm beipflichten. Auch Psychologen und Kinderärzte warnen, dass die Kleinen mit hormonellem

Stress reagieren, wenn ihre Eltern nicht auf ihren Blickkontakt reagieren. Kinder fühlen sich dadurch missachtet und reagieren mit Wut. Die Folge können Verhaltensauffälligkeiten und Hyperaktivität sein. Ebenso warnen ganze Berufsgruppen, die für die Sicherheit der Kleinsten zuständig sind – von Bademeistern bis zu Verkehrspolizisten – immer wieder vor der erhöhten Unfallgefahr durch Handy-Ablenkung. Etwa 200 Menschen ziehen am Sonnabend deswegen durch St. Pauli. Organisiert hat das der kleine Emil – sein großer Tag. [23]

Es gib keinen Ort,
den man die Hölle nennt,
es gibt kein Schild auf dem
„Willkommen in der Hölle" steht.
Nein, das werdet ihr in den
Reichen Gottes nicht finden.
In den Welten, die sich Menschen
fern von Gott erschaffen, dort
werdet ihr dies finden.

ATMAR

GIBT ES DIE HÖLLE UND WAS HABEN DIE KINDER VON FATIMA GESEHEN?

GESPRÄCH MIT
ATMAR

WAS HABEN DIE KINDER VON FATIMA GESEHEN?

04. APRIL 2019

Warum glaubst du an die Hölle? Weil es dir so eingeredet wurde. Warum glaubst du an die ewige Verdammnis? Weil es dir so eingeredet wurde. Warum glaubst du an einen strafenden Gott? Weil es dir so eingeredet wurde.

Ich bin ATMAR
Reines Bewusstsein, reines Licht und reine Liebe.

Und so glaubst du, was du glaubst, so lange, bis du dies korrigierst, so lange – bis du deine Glaubenssätze änderst oder ganz entfernst, sie löschst, bleibt dieser Irrtum bestehen.

Wie ans Werk gehen? Indem du dem keinen Glauben mehr schenkst! Das ist der Weg, es gibt keinen wirksameren Weg als die augenblickliche Erkenntnis.

Was dich manche Menschen und Organisationen über Jahrhunderte – Leben auf Leben – glauben ließen, kannst du jetzt korrigieren und abändern.

Warum sollte es eine Hölle geben, in der die Menschenseelen leiden und schmoren, wenn Gott – die höchste Intelligenz – aus purer Liebe besteht? Welcher Gott könnte so etwas für seine Kinder erschaffen? Welche Mutter, welcher Vater wünschen sich dies für ihre Kinder? Warum mutet und traut ihr Gott eine Bösartigkeit zu, die euch selbst niemals in den Sinn käme?

WAS HABEN DIE KINDER VON FATIMA GESEHEN?

JJK: Was haben die Kinder von Fatima gesehen? Die Mutter Gottes habe ihnen die Hölle gezeigt, berichteten sie. Was war das, wenn es die Hölle nicht gibt?

ATMAR: Es war die Hölle auf Erden! Es waren die unerlösten und schädlichen Emotionen und Gedanken der Menschheit, die diese grauenvollen Szenen vor ihren Augen erscheinen ließen. Es war die Hölle, die jetzt auf Erden existiert, im energetischen und im praktischen Sinne.

Blickt euch um, was nehmt ihr wahr? Liebevolles, ja! Doch weitgehend ist diese Welt in schädliche Emotionen und Gedanken der Menschen eingetaucht und sie droht darin unterzugehen.

Blickt euch um! Wo herrscht die Liebe und wo regieren Furcht und pure Angst. Überall könnt ihr dies wahrnehmen. Die Liebe ist eine zarte Pflanze geblieben, die zu verkümmern droht, da sie nur spärlich mit dem lebendigen Wasser des Lebens versorgt wird.

Deshalb gibt es die Hölle nur, wenn der Mensch sie selbst auf Erden erschafft!

Es gib keinen Ort, den man die Hölle nennt, es gibt kein Schild auf dem „Willkommen in der Hölle" steht. Nein, das werdet ihr in den Reichen Gottes nicht finden. In den Welten, die sich Menschen fern von Gott erschaffen, dort werdet ihr dies finden.

Und das haben die Kinder von Fatima gesehen und das wurde ihnen von der Mutter allen Lebens gezeigt.

Ändert daher euer Leben - und ändert es jetzt! Denn es gilt aus der „Hölle auf Erden" den „Himmel auf Erden" zu erschaffen.

Wenn du dir nichts mehr einreden lässt und selbst denkst, selbst fühlst und selbst dein Leben in die Hand nimmst, dann existiert von heute an auch für dich keine Hölle mehr!

Lass dir niemals etwas einreden, sondern überprüfe alles selbst. Alle Weisheit liegt in dir und alle Wahrheit wird dir enthüllt. Das ist der Weg. Alle anderen Wege führen dich nirgendwohin.

Ich bin ATMAR
Ich liebe dich unendlich.

Führt sich ein Erleuchteter ein
Stück Fleisch zum Mund,
dann weiß er genau weshalb!
Weißt du es auch – außer
dass es dir mundet?

BABAJI

DER EPISCHE KAMPF ZWISCHEN SCHWINGUNGSFELDERN

GESPRÄCH MIT

BABAJI

ERNÄHRUNG, MEDITATION UND TRANSFORMATION

DU WIRST, WAS DU ISST!

06. APRIL 2019

BABAJI: Was auf der Erde jetzt stattfindet, ist ein epischer Kampf zwischen niedrig schwingenden und höher schwingenden Energiefeldern. Es ist eine Auseinandersetzung, die in dieser Würde und Ausprägung nur alle Äonen stattfindet. Mitten darin befindet sich die ganze Menschheit – und bist DU. Das wirkungsvollste Mittel, um in dieser Zeit zu bestehen, ist, die eigene Schwingung kontinuierlich zu erhöhen. Was höher schwingt, kann von niedrigen Frequenzen nicht „angetriggert" werden.

JJK: Was tun?

BABAJI: Den eigenen Lebenswandel genau prüfen. Welche Nahrungsmittel führt ihr eurem Körper zu? Welche Gedanken hegt ihr und welche Gefühle durchströmen euer Wesen? Überall, wo ihr Negativität, dunkle Elemente, Neigungen zu Gier, Neid, Eifersucht, Maßlosigkeit, Vergeltung oder gar Hass wahrnehmt, korrigiert dies und bringt euch in die Liebe.

ERNÄHRUNG, MEDITATION UND TRANSFORMATION

Die 3 Mittel dafür sind:

1. Pflanzliche Ernährung
2. Regelmäßige Meditation
3. Regelmäßige Transformationsarbeit

Dann ist alles getan und eure Alltagsschwingung bleibt auf der erforderlichen Frequenz.

JJK: Das ist ja bestimmt für die meisten Menschen das Thema. Viele sind ja nach einer Meditation oder Transformationssitzung wie neugeboren und sie verfügen über eine höhere Schwingung. Kaum werden wir jedoch vom Alltag eingeholt, sinkt unser Energie-Level oft in den Keller. Wie dem begegnen?

BABAJI: Das große Vorhaben, völlige Klarheit oder Erleuchtung zu erlangen, scheitert bei den meisten Menschen an der Bequemlichkeit.

Deshalb wird der Leidensdruck bei den meisten Menschen ständig erhöht, bis dass sie diese Starre, denn Bequemlichkeit ist die „Erstarrung der Seele", überwinden.

Leidensdruck und Schmerzen sind immer eine Hilfe und Unterstützung für den Menschen und niemals eine Strafe Gottes, wie es gemeinhin viele Religionsgemeinschaften verbreiten.
Ich wiederhole: ***Wer auf Körper und Seele gleichsam achtet, der wird im Himmelreich ankommen!***

JJK: Wie können Schutzsymbole helfen? Ich beziehe mich hier auf das Erbe von Atlantis[24] und die Anhänger

CB9 [25]. Welche Hilfe bieten diese Symbole jetzt, da die meisten Menschen ihre Schwingung noch nicht konstant hoch halten können?

BABAJI: Es sind wundervolle Werkzeuge, mit denen der Mensch in Resonanz gehen kann – und je höher seine eigene Motivation ist, sich selbst in die Klarheit und in die Liebe zu bringen, desto wirksamer ist dieser Schutz. Wunder sind möglich für den, der bewusst oder unbewusst dem Licht Gottes entgegeneilt.

JJK: Könntest du bitte auf die Ernährung nochmals eingehen. Welche Rolle spielt das Essen bei unserer spirituellen Entwicklung?

BABAJI: Am Beginn des Pfades eine entscheidende. Denn je unreiner das Körpersystem ist, desto schwieriger ist es, auf emotionaler, mentaler oder gesamt-energetischer Ebene für Klarheit zu sorgen. Erst ein Wesen, das die vollkommene Macht über seinen Körper und sein Bewusstsein zurückerlangt hat, kann sich damit „spielen" und – je nach Bedarf oder nach der Notwendigkeit, um „Schüler" zu unterweisen – mal dies, mal jenes zu sich nehmen.

Solange du nicht erleuchtet bist, sollst du von einem Erleuchteten niemals auf dich selbst schließen. Denn es könnte sein, dass du dessen Motive nur von deinen eigenen Bedürfnissen, Wünschen und Vorstellungen ableitest.

DU WIRST, WAS DU ISST!

Führt sich ein Erleuchteter ein Stück Fleisch zum Mund, dann weiß er genau weshalb! Weißt du es auch – außer dass es dir mundet?

Deshalb habe ich in dieser letzten Botschaft für dieses wertvolle und wegweisende Buch eine pflanzliche Ernährung an die erste Stelle gesetzt.

Was ihr in den Körper hineinlasst, das gelangt vom Körper wieder hinaus. Wer den Tod in sich aufnimmt, der stirbt selbst innerlich ab, wird zu dem, was er isst, und ist dem Tod geweiht. Der Verzehr von Tieren wirkt sich auf den feststofflichen und auf alle feinstofflichen Körper schädlich aus.

Sei dir bewusst: Du hast alles in deiner Hand. Änderst du dich, ändert sich alles.

Auf dieser Erde findet heute eine Auseinandersetzung zwischen unterschiedlichen Schwingungsfeldern statt. Deshalb ist es erforderlich, eine spezifische Schwingung aufzuweisen, damit du von dieser Konfrontation unerreicht bleibst. Indem du höher schwingst, stehst du im eigentlichen Sinne des Wortes auch „darüber".

Doch nicht immer wirst du deine hohe Schwingung halten können. Deshalb sei dir versichert: Während du daran arbeitest, bist du geschützt – durch deine Gebete, durch deine Hingabe und durch deine Liebe, die du für Gott und die Menschen empfindest. Denn jeder wahrhaftige Sucher steht unter meiner Obhut.

Du besitzt große Weisheit, wenn du dein irdisches Dasein vollkommen in die Hände Gottes – Deines Schöpfers – gelegt hast. Es ist das untrügliche Zeichen dafür, dass du angekommen bist.

Ich liebe dich unendlich
BABAJI

LITERATUR- UND QUELLENVERZEICHNIS

1 Babaji spricht: Prophezeiungen und Lehren, G. Reichelt Verlag, S. 134

2 Jesus und Sai Baba, S. 173, Govinda Sai Verlag

3 Ein Elemental ist ein durch Gedankenkraft erschaffenes geistiges Gebilde, das durch ständige Wiederholung oder durch Konzentration eine Art Eigenleben bekommen und seinen Urheber oder andere beeinflussen kann. Dieses Wort wird heute oft in negativen Zusammenhängen gebraucht (z. B. Süchte), ist aber eigentlich wertneutral. Mit dem Ausdruck „elementales Bild" ist hier die bildhafte Projektion oder Vision eines Sehers gemeint, die aufgrund ihrer hohen geistigen Schwingung viele Menschen inspirieren oder sogar zum Leitbild einer ganzen Gesellschaft avancieren kann. Im negativen Sinne ist es aber auch möglich, durch solche Bilder Menschen zu manipulieren (Anm. d. Übers., aus dem Buch Anastasia, Band 4, Schöpfung, Wladimir Megre, Govinda Verlag, S. 96).

4 Jesus und Sai Baba, S. 268, [VIII, S. 3-4], Govinda Sai Verlag

5 Aufhebung der Zeit, Asana Mahatari https://lichtweltverlag.at/2017/05/06/aufhebung-der-zeit-asana-mahatari/

6 Die Schlüssel des Enoch, Schlüssel 113:8 aus „Der verratene Himmel", S. 113. Siehe auch in DIE ERDE WIRD NICHT ZERSTÖRT! S. 211 https://lichtweltverlag.at/produkt/die-erde-wird-nicht-zerstoert/

7 Metamorphose der Menschheit, Dieter Broers, S. 30

8 Metamorphose der Menschheit, Dieter Broers, S. 34

9 Karl-Heinz Jaeckel, Dialog mit dem Jenseits, Neugra-Verlag, München 1984, S. 84 und Metamorphose der Menschheit, Dieter Broers, S. 70

10 Osho, Der Sufi-Weg, S.230

11 Irina Tweedie, Der Weg durchs Feuer, S. 620

12 Babaji spricht: Prophezeiungen und Lehren, S. 65ff

13 5G wird die Exposition gegenüber elektromagnetischen Feldern im Hochfrequenzbereich (HF-EMF) stark erhöhen, indem es zu GSM, UMTS, LTE, WLAN, usw. hinzukommt, die bereits für die Telekommunikation genutzt werden. Es ist erwiesen, dass HF-EMF für Menschen und die Umwelt schädlich sind. 5G führt zu einer massiven Zunahme der Zwangsexposition durch kabellose Kommunikation. Die 5G-Technik funktioniert nur über kurze Entfernungen. Durch festes Material werden die Signale nur schlecht übertragen. Viele neuen Antennen werden benötigt, und die vollständige Einführung wird in städtischen Gebieten zu Antennen im Abstand von 10 bis 12 Häusern führen. **Daher wird die Zwangsexposition stark erhöht.** Mit „der immer umfangreicheren Nutzung kabelloser Techniken" kann niemand einer Exposition aus dem Weg gehen. Neben der erhöhten Anzahl von 5G-Basisstationen (selbst innerhalb von Häusern, Läden und Krankenhäusern) werden nämlich laut Schätzungen „10 bis 20 Milliarden Drahtlosanschlüsse" (von Kühlschränken, Waschmaschinen, Überwachungskameras, selbstfahrenden Autos und Bussen, usw.) Teil des Internets der Dinge sein. All dies zusammen kann zu einer exponentiellen Zunahme der gesamten langfristigen Exposition aller EU-Bürger gegenüber hochfrequenten elektromagnetischen Feldern (HF-EMF) führen.
Schädliche Auswirkungen von HF-EMF sind bereits bewiesen. Über 230 Wissenschaftler aus mehr als 40 Ländern haben ihre „ernsthafte Besorgnis" hinsichtlich der allgegenwärtigen und zunehmenden Exposition gegenüber elektromagnetischen Feldern durch elektrische und kabellose Geräte geäußert, schon vor dem zusätzlichen Ausbau von 5G. Sie beziehen sich auf die Tatsache, dass „zahlreiche aktuelle wissenschaftliche Veröffentlichungen gezeigt haben, dass sich elektromagnetische Felder auf lebende Organismen auswirken, bereits bei Intensitäten, die weit unterhalb der meisten internationalen und nationalen Grenzwerte liegen".

Zu den Auswirkungen gehören ein erhöhtes Krebsrisiko, Zellstress, eine Zunahme schädlicher freier Radikaler, Genschäden, strukturelle und funktionelle Veränderungen im Fortpflanzungssystem, Lern- und Gedächtnisdefizite, neurologische Störungen sowie negative Auswirkungen auf das allgemeine Wohlbefinden bei Menschen. Schädigungen betreffen bei Weitem nicht nur den Menschen. Es gibt nämlich zunehmende Hinweise auf schädliche Auswirkungen bei Pflanzen und Tieren. https://www.diagnose-funk.org/publikationen/artikel/detail&newsid=1220

14 Quelle: Gesamtwerke Bd. 5, S. 159

15 Sai Baba spricht über Erziehung, Stephan von Stepski-Doliwa, Govinda Sai Verlag, S. 63ff

16 Sai Baba spricht über Erziehung, Stephan von Stepski-Doliwa, Govinda Sai Verlag, S. 65

17 https://lichtweltverlag.at/2018/12/27/klimawandel-eisbaeren-leben-nicht-vom-eislutschen/

18 https://www.weltwoche.ch/ausgaben/2019-4/artikel/wir-basteln-uns-eine-klima-ikone-die-weltwoche-ausgabe-4-2019.html

19 https://connectiv.events/die-klima-ikone-greta-thunberg-wird-dieses-maedchen-fuer-eine-profitable-good-cause-company-instrumentalisiert/

20 https://www.cicero.de/weltb%C3%BChne/eine-unbequeme-wahrheit/38927

21 https://www.nachrichten.at/nachrichten/weltspiegel/ich-will-dass-ihr-in-panik-geratet;art17,3095752

22 COMPACT Magazin, Ausgabe 04/2019, S. 19

23 https://www.diagnose-funk.org/publikationen/artikel/detail&newsid=1307

24 Erbe von Atlantis, https://lichtweltverlag.at/produkt-kategorie/atlantis-erbe/

25 Anhänger CB9 https://lichtweltverlag.at/produkt/cb9-anhaenger-silber-mittelgross/

PUBLIKATIONEN JAHN J KASSL

LICHTSPUR IN DAS GOLDENE ZEITALTER
Lichtweltverlag, gebundene Ausgabe (2019)

SPRACHE DER SEELE - 13 SCHLÜSSEL DES LEBENS
Lichtweltverlag, gebundene Ausgabe (2019), eBook (2011)

WANDEL DER HERZEN
Lichtweltverlag, gebundene Ausgabe (2018)

ATMAR - JENSEITS ALLER KONZEPTE
Lichtweltverlag, gebundene Ausgabe (2018)

KURS ZUR FREIHEIT - BABAJI
Lichtweltverlag, gebundene Ausgabe (2018), eBook (2012)

IM ZEICHEN DES WANDELS
Lichtweltverlag, gebundene Ausgabe (2018)

JETZT BIST DU DA - TAGEBUCH EINES ERWACHENS.
GESPRÄCHE MIT JESUS SANANDA
Lichtweltverlag, gebundene Ausgabe (2017)

KURS IM KREIEREN - PAUL DER VENEZIANER
Lichtweltverlag, gebundene Ausgabe (2017), eBook (2012)

DIE ERDE WIRD NICHT ZERSTÖRT!
Lichtweltverlag, gebundene Ausgabe (2017)

30 TORE ZUR ERLEUCHTUNG
Lichtweltverlag, gebundene Ausgabe (2017), eBook (2012)

ES WIRD STILL AUF DIESER WELT
Lichtweltverlag, gebundene Ausgabe (2016)

DIE JESUS BIOGRAFIE - TEIL I
Lichtweltverlag, gebundene Ausgabe 3. Auflage (2015), eBook (2010)

DIE GROSSE ZEIT IST GEKOMMEN
Lichtweltverlag, gebundene Ausgabe (2015)

KRISTALLWÜRFEL DES AUFSTIEGS - MIT ARBEITSBUCH
Lichtweltverlag, Sondereinband (2015)

LICHT I - HEILUNG DURCH GOTT
Lichtweltverlag, gebundene Ausgabe 2. Auflage (2018), eBook (2011)

ELIJA PROPHEZEIUNGEN 49 - 65,
FÜR ALLE 4D-WELTEN BIS IN DAS JAHR 3000
Lichtweltverlag, eBook (2014)

TELOS, WILLKOMMEN IN AGARTHA
Lichtweltverlag, gebundene Ausgabe (2014), eBook (2015)

LEBEN, BAND I
Lichtweltverlag, gebundene Ausgabe (2013), eBook (2014)

ELIJA PROPHEZEIUNGEN 1-48
Lichtweltverlag, eBook (2013)

TROMMELSCHLAG DES SCHÖPFERS
Lichtweltverlag, eBook (2013)

OFFENBARUNGEN SANANDA - TEIL II
Lichtweltverlag, eBook (2012)

DER LICHTNAHRUNGSPROZESS - GRENZERFAHRUNG IN 21 TAGEN
Lichtweltverlag, eBook (2011)

OFFENBARUNGEN SANANDA - TEIL I
Lichtweltverlag, eBook (2010)

DIE JESUS BIOGRAFIE - TEIL II
Lichtweltverlag, gebundene Ausgabe (2011), eBook (2010)

2026 OFFENBARUNGEN GOTTES
Lichtweltverlag, gebundene Ausgabe (2011), eBook (2010)

LICHT II
Lichtweltverlag, gebundene Ausgabe (2009), eBook (2010)

Alle Titel erhältlich im Lichtweltverlag - www.lichtweltverlag.at